PONS

10-Minuten-Training
FRANZÖSISCH

Bleiben Sie fit - mit schnellen Übungen
für unterwegs und zwischendurch

von Françoise Mercier

Ernst Klett Sprachen GmbH
Barcelona • Belgrad • Budapest • Ljubljana • London • Posen
Prag • Sofia • Stuttgart • Zagreb

PONS
10-Minuten-Training
FRANZÖSISCH

Bleiben Sie fit - mit schnellen Übungen
für unterwegs und zwischendurch

von Françoise Mercier

Dieses Werk ist inhaltlich identisch mit: „PONS QuickCheck Französisch“,
ISBN: 3-12-560591-1.

Dieses Werk folgt der amtlichen Regelung der deutschen Rechtschreibung in der Fassung von 2006.

Auflage A1 5 4 3 2 / 2010 2009 2008 2007

Internet: www.pons.de
E-Mail: info@pons.de

Redaktion: Edda Vorrath-Wiesenthal, Elizabeth Webster
Zeichnungen: Ulrike Müller-Zimmermann, Heidelberg
Logoentwurf: Erwin Poell, Heidelberg
Logoüberarbeitung: Sabine Redlin, Ludwigsburg
Einbandgestaltung: deutschewerbeagentur
Titelfoto: Vlado Golub, Stuttgart
Satz: Satz und mehr, Besigheim
Druck: Legoprint
Printed in Italy.
ISBN13: 978-3-12-561294-5

Zu diesem Buch

Sie beherrschen die französische Sprache schon recht gut. Halten Sie sich fit.

Mit **PONS 10-Minuten-Training** können Sie auf schnelle und unterhaltsame Weise Ihre Kenntnisse in Französisch überprüfen, erweitern und verbessern.

Sie können ganz flexibel – nach Lust und Laune – lernen: Es spielt keine Rolle, in welcher Reihenfolge Sie die Übungen bearbeiten.

Versuchen Sie zunächst, die Übungen ohne Zuhilfenahme der *Lösungen* zu bearbeiten. Danach können Sie Ihre Ergebnisse mit den Lösungen im hinteren Teil des Buches vergleichen. Dort finden Sie häufig auch Erklärungen dazu, weshalb eine Lösung richtig oder falsch ist.

Die **Tipps** bieten Ihnen darüber hinaus weitere nützliche Informationen zum Thema, zusätzlichen Wortschatz oder auch nützliche Hinweise zum Sprachenlernen.

Querverweise helfen Ihnen, weitere Informationen zu ähnlichen Themen an anderen Stellen im Buch zu finden.

Wörter und Begriffe, die Ihnen vielleicht unbekannt sind und die nicht im Lösungsteil übersetzt werden, können Sie im *Glossar* am Ende des Buches nachschlagen.

Beim Sprachenlernen wünschen wir Ihnen viel Spaß und Erfolg!

Inhalt

1

Enchanté !

Kennzeichnen Sie, in welcher Situationen Sie die folgenden Sätze hören könnten: Als Begrüßung (B), beim Gästeempfang (E), beim Vorstellen (V) oder zum Abschied (A).

1. ☐ ☐ Bonjour, Patrick Delcour à l'appareil !
2. ☐ ☐ Ravi de faire votre connaissance !
3. ☐ Tiens ! Christian ! Salut !
4. ☐ Bonne continuation !
5. ☐ A la prochaine !
6. ☐ Viens, je vais te présenter à mon père !
7. ☐ Enchanté !
8. ☐ Désolé, il faut que je parte !
9. ☐ ☐ Bienvenue à tous !
10. ☐ ☐ Nous avons le plaisir d'accueillir Sylvie Girardet.
11. ☐ A un de ces quatre !
12. ☐ C'est Valérie dont je t'ai parlé tout à l'heure !
13. ☐ Vous connaissez M. Delaroche ?

14. ☐ Bonjour, comment allez-vous ?

15. ☐ Entrez, je vous prie ! Ça nous fait plaisir de vous voir !

16. ☐ Au revoir !

17. ☐ J'ai rendez-vous à 10h avec Madame Leblanc.

18. ☐ Asseyez-vous ! Qu'est-ce que je vous offre ?

19. ☐ Bon voyage ! Mes amitiés à ta famille !

20. ☐ Bonne chance !

2

Mots recomposés

Setzen Sie die Wörter richtig zusammen, und schreiben Sie sie neben die deutsche Entsprechung.

1. Fünfköpfige Familie ....
2. Zweibettzimmer ....
3. Flugticket ....
4. Bügeleisen ....
5. 100-Euro-Schein ....
6. Knoblauchwurst ....
7. Aprikosentorte ....
8. Flasche Wasser ....
9. Waschpulver ....
10. Wintersportort ....
11. Kugelschreiber ....
12. Reisetasche ....
13. Mikrowelle ....
14. Briefkasten ....
15. Sonnenstrahl ....

16. Sonnenbrille ....
17. Schlafzimmer ....
18. Skistiefel ....
19. Weinglas ....
20. Zahnbürste ....

sac ● billet ● bouteille
station ● rayon ● billet ● chaussures
famille ● chambre ● chambre ● boîte
poudre ● tarte ● fer ● brosse ● lunettes
saucisson ● four ● stylo ● verre

---

de ● d' ● à ● aux

---

sports d'hiver ● soleil ● ski
voyage ● cent euros ● avion
cinq personnes ● soleil ● repasser
deux lits ● micro-ondes ● coucher
lettres ● l'ail ● dents ● abricots
laver ● bille ● eau ● vin

3

Prépositions

Kreuzen Sie die passende Präposition an.

1. .... cette limite, votre ticket n'est plus valable.
   ☐ Avant ☐ Au-delà de ☐ Devant
2. Cet étudiant vient de faire un stage .... six mois à Nantes.
   ☐ pour ☐ dans ☐ pendant
3. .... la rapidité des secours, les blessés ont été très vite soignés.
   ☐ A cause de ☐ Grâce à ☐ Sans
4. .... la pluie, la course a dû être annulée.
   ☐ Depuis ☐ Malgré ☐ En raison de
5. .... six semaines en France, il parlait déjà couramment le français.
   ☐ Avant ☐ Au bout de ☐ Pendant
6. .... grève, les trains ne rouleront pas pendant deux heures.
   ☐ Devant ☐ Après ☐ En cas de
7. .... une semaine, je n'ai pas ouvert un seul journal.
   ☐ Depuis ☐ Pour ☐ Par-dessus
8. Ils sont partis en Afrique .... un mois.
   ☐ avant ☐ dans ☐ il y a
9. On leur offre un emploi .... deux ans au Maroc.
   ☐ par ☐ pour ☐ sur

10. Ils sont partis .... emporter de parapluie.
☐ sans ☐ avec ☐ en

11. Attendez-nous .... le cinéma à sept heures !
☐ devant ☐ avant ☐ sur

12. Il y a du bruit dans l'immeuble .... six heures du matin. C'est infernal !
☐ sur ☐ envers ☐ dès

13. Ils veulent escalader la montagne .... les dangers.
☐ sous ☐ malgré ☐ derrière

14. Le soleil brille souvent .... nuages !
☐ au-dessous des ☐ dans ☐ au-dessus des

15. Elle pense terminer son doctorat .... trois mois.
☐ en ☐ sous ☐ à partir de

16. Il faut rapporter ce formulaire .... quinze jours.
☐ en ☐ d'ici ☐ dès

17. Les gens ne s'intéressent plus .... grand-chose.
☐ pour ☐ à ☐ dans

18. On s'interroge .... les causes de l'accident.
☐ par ☐ à ☐ sur

4

Connaissez-vous Paris ?

Die französische Presse gebraucht verschiedene Bezeichnungen für viele Gebäude und Institutionen in Paris. Können Sie diese anderen Namen den offiziellen Bezeichnungen zuordnen?

1. La Résidence du Président de la République Française
2. Le Ministère des Affaires étrangères
3. La Place Charles de Gaulle
4. Le Centre Pompidou
5. L'Université de Paris
6. L'Académie Française
7. La Bourse
8. L'Assemblée Nationale
9. L'Opéra

a) Le Centre Beaubourg
b) Le Palais Brongniart
c) Le Palais Garnier
d) Le Quai d'Orsay
e) Le Palais Bourbon
f) L'Elysée
g) L'Etoile
h) La Sorbonne
i) Le Quai de Conti

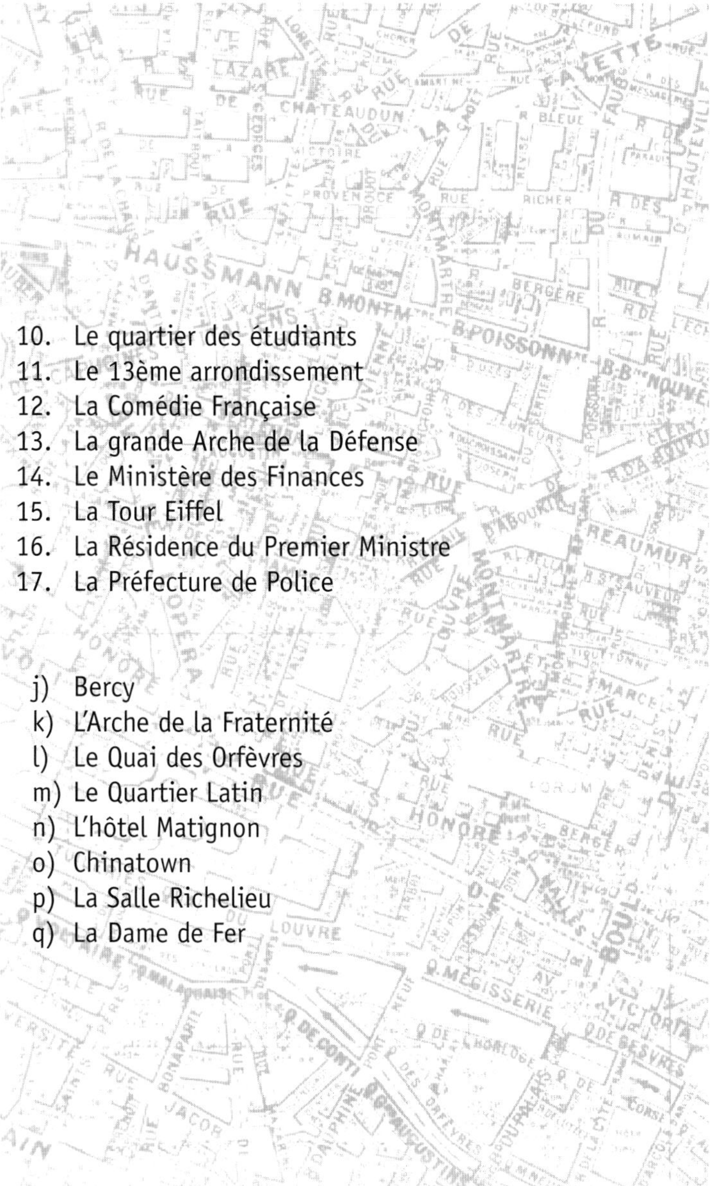

10. Le quartier des étudiants
11. Le 13ème arrondissement
12. La Comédie Française
13. La grande Arche de la Défense
14. Le Ministère des Finances
15. La Tour Eiffel
16. La Résidence du Premier Ministre
17. La Préfecture de Police

j) Bercy
k) L'Arche de la Fraternité
l) Le Quai des Orfèvres
m) Le Quartier Latin
n) L'hôtel Matignon
o) Chinatown
p) La Salle Richelieu
q) La Dame de Fer

6

En français familier ?

In ein Gespräch zwischen zwei Jugendlichen hat sich ein anderer (förmlicher) Dialog eingeschlichen. Kreuzen Sie die Sätze an, die zu dem umgangssprachlichen Gespräch der jungen Leute gehören.

- ☐ Bonjour, monsieur, que puis-je pour vous ?
- ☐ J'ai rendez-vous avec Monsieur Dupuis.
- ☐ Tiens, salut !
- ☐ Salut, Vincent !
- ☐ Un instant, je vous prie…
- ☐ Ça fait vachement longtemps, dis donc !
- ☐ Ouais, j'ai bossé dur pour mon exam' ! Je l'ai eu !
- ☐ Chouette ! Dis donc, c'est ta copine, cette nana ?
- ☐ Monsieur Dupuis est occupé. Il vous recevra dans dix minutes.
- ☐ Déconne pas, c'est ma frangine !
- ☐ Elle est casée ?
- ☐ Oui. Pas de problème, je suis en avance.
- ☐ Vous désirez un café ?

- ☐ J'crois pas !
- ☐ J'peux la draguer ?
- ☐ Non merci ! Je vais profiter du soleil dehors.
- ☐ T'as qu'à essayer, tu verras bien !
- ☐ Ah bon, elle peut m'envoyer sur les roses ?
- ☐ Mon vieux, c'est ton problème !
- ☐ Comme il vous plaira, Monsieur.
- ☐ On va au cinoche ce soir ?
- ☐ D'accord, alors à ce soir.

7

Trait d'union

Setzen Sie die Wörter aus den Kästchen zusammen und ordnen Sie sie der passenden Definition zu.

amuse • porte • épluche • perce
coupe • lave • pense • abat
remonte • taille

jour • gueule • neige • bête
monnaie • légumes • vaisselle
pente • papier • crayon

1. Pour ouvrir les lettres, vous avez besoin d'un ....
2. Pour enlever la peau des pommes de terre, il faut un ....
3. C'est un appareil pour laver les assiettes et les verres : un ....
4. Pour ne rien oublier, vous écrivez un ....

7

1. un **coupe-papier** – *Brieföffner*
2. un **épluche-légumes** – *Kartoffelschälmesser*
3. un **lave-vaisselle** – *Geschirrspülmaschine*
4. un **pense-bête** – *Notizzettel*
5. un **abat-jour** – *Lampenschirm*
6. un **porte-monnaie** – *Geldbörse*
7. un **amuse-gueule** – *Appetithäppchen*
8. un(e) **perce-neige** – *Schneeglöckchen*
9. un **taille-crayon** – *Bleistiftanspitzer*
10. un **remonte-pente** – *(Ski-)Lift*

Tipp

Warum manche zusammengesetzte Wörter mit Bindestrich und nicht mit *de* oder *à* gebildet werden, dafür gibt es leider keine verbindliche Regel.

Hier noch einige weitere Beispiele für Wörter ohne *à* oder *de:*

un pique-assiette – *Schmarotzer*
un pisse-vinaigre – *Geizhals*
un rabat-joie (oder trouble-fête) – *Spielverderber*

→ Mehr zusammengesetzte Wörter finden Sie in Übung 2.

8

Le subjonctif (1)

Setzen Sie das in Klammern stehende Verb in den Subjonctif.

1. Il est curieux qu'ils ne se .... *(être)* pas aperçus de leur erreur.

2. C'est insupportable pour les usagers qu'il y .... *(avoir)* encore une grève.

3. Il est indispensable qu'elle .... (prendre) des vacances pour se remettre.

4. Il vaut mieux que tu .... *(venir)* tout seul.

5. Il est urgent que nous .... *(annoncer)* la nouvelle.

6. Il est vivement conseillé que vous .... *(réserver)* vos places.

7. Je trouve normal que les enfants .... *(aller)* se coucher.

8. Nos amis préfèrent que nous .... *(partir)* demain matin.

9. Il déteste que vous le .... *(prendre)* en photo.

10. On ne comprend pas qu'il ne .... *(dire)* rien.

11. Nous interdisons que vous .... *(fumer)* dans cette salle.

12. Le mieux serait qu'on .... *(revenir)* dans deux jours.

13. Il est souhaitable que vous .... *(remplir)* le formulaire.

14. Il est grand temps que vous .... *(aller)* prendre votre bus.

15. Il faudrait qu'on .... *(savoir)* clairement s'il vient ou non.

9

Devinettes (1)

Können Sie anhand der Definitionen und Lückensätze erkennen, nach welchem Wort jeweils gesucht wird?

Rätsel 1

Elle est en verre et en acier. Elle a été construite à Paris mais a été très contestée.

Elles sont très célèbres en Egypte aussi.

Ce monument a une forme géométrique.

C'est la ....

Rätsel 2

On trouve des vieux objets au marché aux **?** .

Les cartes magnétiques modernes sont équipées de **?** .

C'est aussi un insecte.

C'est la ....

Rätsel 3

Gilbert Bécaud pense que « l'important, c'est la **?** ».

Patricia Kaas chante « **?** Kennedy ».

Edith Piaf voit « la vie en **?** ».

C'est la ....

Rätsel 4

Dans la chanson de Charles Trenet, on la « voit danser le long des golfes clairs ».

Dans la composition musicale de Claude Debussy, on l'entend s'exprimer par tous les temps.

C'est la ....

10

Comment utiliser Internet pour améliorer son français

Im folgenden Text fehlen noch einige Wörter. Vervollständigen Sie ihn mit den Wörtern aus dem Kasten.

billet • correspondant • connexion • e-mails
internaute • compte • naviguant • télécharger
moteur de recherche • sites officiels
forums • liens

Au début Internet a mis du temps à se propager en France. On suppose que la raison de ce retard était l'existence du Minitel, un système de vidéotext par lequel on pouvait rechercher des informations, réserver un .... ❶, gérer un .... ❷ etc. mais uniquement en France - c'était donc un des réseaux précurseurs d'Internet.

Entre-temps la France a rattrapé ce retard et Internet a gagné aussi une grande importance en France comme ailleurs. On trouve pratiquement tout sur la toile : les .... ❸ des villes françaises, des informations culturelles, une maison de vacances etc. Il suffit d'utiliser un .... ❹ et de taper par exemple le nom d'une ville. Et voilà : vous avez le choix parmi la liste de .... ❺ vers divers sites.

Vous vous intéressez à la musique française ? Cherchez sur Internet, vous trouverez sûrement des sites, où .... ⑥ des chansons, mais faites attention de rester dans la légalité !

Pour entrer en contact avec des Français vous pouvez utiliser un chat (ou tchat) et chatter (ou tchatter) avec d'autres gens. Essayez de trouver peut-être un .... ⑦ en France avec lequel vous pouvez chatter ou envoyer des .... ⑧.

Vous êtes un .... ⑨ passionné ? Si à l'heure du blog, du mail et des .... ⑩, vous ne pouvez pas vous passer d'ordinateur pendant vos vacances en France, allez dans un cybercafé. C'est un endroit pourvu d'ordinateurs qui disposent d'un accès à Internet. Vous trouverez des cybercafés surtout dans les grandes villes, les prix de .... ⑪ varient d'un établissement à l'autre.

Allez-y ! Tentez votre chance sur la toile et pratiquez votre français en .... ⑫ ou en chattant.

11

Bonne chance !

Was würden Sie zu den folgenden Anlässen sagen oder schreiben? Ergänzen Sie die Glückwünsche.

1. Quelqu'un part le matin :
   Bonne ....

2. Votre mère fête ses 50 printemps :
   Bon ....

3. Votre collègue part en vacances :
   Bonnes ....

4. Ce soir, vos amis vont à un spectacle :
   Bonne ....

5. Vous vous mettez à table :
   Bon ....

6. Vos enfants partent en voiture :
   Bonne ....

7. Quelqu'un s'apprête à faire quelque chose de difficile :
   Bon ....

8. Des amis rentrent chez eux :
   Bon ....

9. Le 31 décembre à minuit :
   Bonne ....

10. A la fin d'une lettre à des proches parents ou proches amis : Bons ....

11. Quelqu'un va se coucher :
Bonne ....

12. C'est le jour de la Saint-Jean, le 24 juin :
Bonne .... à tous les « Jean »

13. Quelqu'un va passer un examen :
Bonne ....

14. Quelqu'un part faire ses courses :
Bonnes ....

15. Quelqu'un part en train :
Bon ....

16. Un ami est malade :
Bon ....

17. C'est le 24 décembre :
Bon ....

18. Une collègue désagréable annonce sa démission :
Bon ....

19. Le vendredi, vous dites :
Bon ....

12

Les parties du corps

Viele Redewendungen im Französischen enthalten Wörter für Körperteile. Können Sie die fehlenden Wörter ergänzen? Die Zeichnungen helfen Ihnen dabei.

1. *Il aime bien manger.* – C'est une fine .... 

2. *J'ai très faim.* – J'ai l'estomac dans les .... 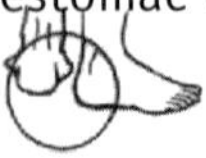

3. *On est tombé sur un problème difficile.* – On est tombé sur un .... 

4. *La police est en alerte.* – La police est sur les .... 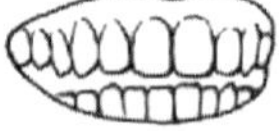

5. *Tu te fais des illusions.* – Tu te fourres le ....  dans l'.................. 

6. *Vous le regretterez.* – Vous vous en mordrez les .... 

7. *Il boit beaucoup.* – Il lève le .... 

8. *C'est très mal fait.* – C'est fait par-dessus la .... 

9. *Je suis très fatigué.* – Je suis sur les
....

10. *Ils sont rentrés gratuitement.* – Ils sont rentrés à
l' ....

11. *Elle est très généreuse.* – Elle a le ....

sur la ....

12. *C'est le sous-chef.* – C'est le ....
droit du patron.

13. *Vous m'agacez.* – Vous commencez à me
chauffer les ....

14. *Elle est de mauvaise humeur.* – Elle s'est levée
du .... gauche.

15. *Ça va vous arriver !* – Ça vous pend au
....

16. *C'est bien fait pour lui.* – Ça lui fait les
....

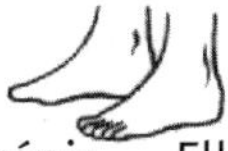

17. *Elle se prend pour un génie.* – Elle se croit sortie
de la .... de Jupiter.

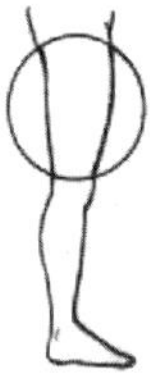

13

Votre horoscope

Was bringt Ihnen die Zukunft? Setzen Sie bei den folgenden Horoskopen das in Klammern stehende Verb ins Futur.

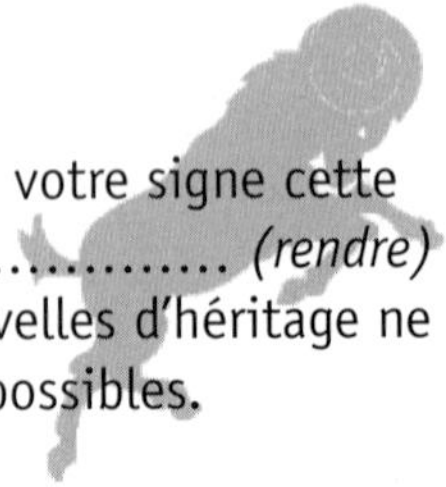

1. *Bélier*

Mars .... *(quitter)* votre signe cette semaine. Ce départ vous .... *(rendre)* moins conquérant. De bonnes nouvelles d'héritage ne .... *(être)* pas impossibles.

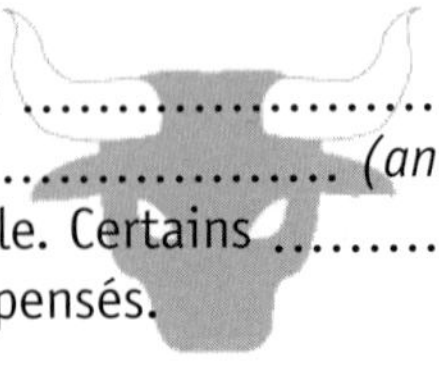

2. *Taureau*

Chez vous, on .... *(faire)* des projets. On vous .... *(annoncer)* peut-être une bonne nouvelle. Certains .... *(voir)* leurs efforts récompensés.

3. *Gémeaux*

Vous .... *(être)* en pleine forme. Comme d'habitude, vous .... *(foncer)*. .... *(avoir)* -vous le temps de vous reposer?

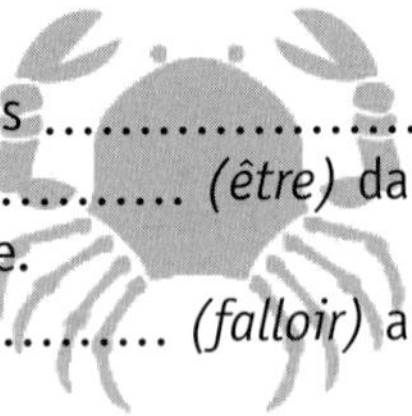

4. *Cancer*

Vos succès vous .... *(pousser)* à flirter. Ce .... *(être)* dangereux pour la vie de votre couple.
Il .... *(falloir)* aussi vous relaxer!

5. *Lion*

Vos succès .... *(se concrétiser)* dans le domaine des finances. En famille, vous .... *(pouvoir)* vivre de bons moments.

6. *Vierge*
Des tempêtes en perspective. Bientôt, ça .... *(aller)* mieux. Vos amis vous .... *(écouter)*. De l'exercice physique vous .... *(aider)* à supporter les moments difficiles.

7. *Balance*
Vous .... *(construire)* votre avenir avec un partenaire qui .... *(avoir)* besoin de vous. La vie .... *(être)* fatigante au bureau parce que vous .... *(vouloir)* être parfait.

8. *Scorpion*
Vous .... *(avoir)* intérêt à exposer vos idées clairement. Les copains de votre club sportif vous .... *(soutenir)*.

9. *Sagittaire*
Vous .... *(mettre)* cette période à profit pour organiser vos projets. Vous .... *(devoir)* accepter un peu de fatigue.

10. *Capricorne*
Beaucoup d'événements .... *(venir)* pimenter votre vie sentimentale. Une association .... *(pouvoir)* se faire grâce à vos contacts très intéressants.

11. *Verseau*
Vos liens .... *(devenir)* plus solides. Vous .... *(accumuler)* les succès dans la vie professionnelle.

12. *Poissons*
Vous .... *(vivre)* une période sentimentale heureuse. Vous .... *(maintenir)* votre bonne forme.

14

Les fêtes

Entscheiden Sie, ob die folgenden Aussagen zu den französischen Feiertagen richtig R *oder falsch* F *sind.*

1. ☐ Le premier janvier, c'est la première fête religieuse de l'année.

2. ☐ Le 6 janvier, c'est l'Epiphanie et les Français travaillent, ce n'est pas un jour férié.

3. ☐ Mardi Gras, on se déguise et on s'amuse dans toutes les villes de France.

4. ☐ Pâques se fête en mars ou en avril, c'est une fête religieuse, toujours un dimanche. Le lundi de Pâques, les Français ne travaillent pas.

5. ☐ Le premier mai, c'est la fête du muguet.

6. ☐ Les Français vont travailler le premier mai pour célébrer la fête du travail.

7. ☐ Le jour de l'Ascension est aussi la fête des pères en France.

8. ☐ En mai ou en juin, les enfants font des cadeaux à leurs mères.

9. ☐ En mai et juin, il y a deux fêtes religieuses.

10. ☐ Le 10 juillet, les Français célèbrent leur fête nationale.

11. ☐ Les Français ont un jour de congé le 15 août.

12. ☐ Le premier novembre, les Français honorent les morts et déposent des chrysanthèmes sur les tombes dans les cimetières.

13. ☐ Les Français fêtent la fin de la première guerre mondiale le 11 novembre.

14. ☐ La grande fête de l'année pour les enfants s'appelle Noël, ils reçoivent des cadeaux. C'est le 25 décembre et les Français ont un jour de congé.

15. ☐ La Saint-Sylvestre est la dernière fête religieuse de l'année, le 31 décembre.

16. ☐ La fête des amoureux, c'est le 14 février, la Saint-Valentin.

15

Abréviations

Was verbirgt sich hinter den folgenden Abkürzungen? Die Wörter im Kasten helfen Ihnen, die richtigen Bedeutungen zu finden. Aber Achtung: Sie sind ein wenig durcheinandergeraten, sowohl in Bezug auf die Reihenfolge als auch auf die Wörter eines jeden Begriffs.

1. AOC ....
2. SNCF ....
3. CV ....
4. VDQS ....
5. SIDA ....
6. PDG ....
7. TVA ....
8. SARL ....
9. PNB ....
10. CEDEX ....
11. TGV ....
12. PACA ....
13. VTT ....

14. SA ....

15. B.C.B.G. ....

brut ● produit ● national
d'entreprise à ● courrier ● distribution
exceptionnelle ● responsabilité
société ● limitée ● anonyme à
ajoutée ● taxe à la ● valeur
français ● nationale des ● société ● chemins de fer
supérieure ● délimité de ● qualité ● vin
tout ● vélo ● terrain
Côtes ● Provence ● d'Azur ● Alpes
chic ● bon ● bon ● genre
anonyme ● société
contrôlée ● d'origine ● appellation
acquis ● syndrome ● déficitaire ● immuno-
vitesse ● train à ● grande
-directeur ● président ● général
vitae ● curriculum

16

Correspondance

Vier Briefe wurden hier auseinandergerissen. Können Sie zu jedem Briefanfang das richtige Briefende finden?

☐

1.
Mesdames,
Messieurs,
Nous vous confirmons votre départ le 10 octobre prochain à 10h 45 et vous prions de vous présenter à notre guichet de l'aéroport où notre accompagnatrice vous attendra.

☐

2.
Cher client,
Nous sommes au regret de vous annoncer que votre compte présente un solde débiteur de 1.785 €, montant qui correspond à la facture n° 627.

☐

3.
Chers tous deux,
Nous aimerions vous inviter le week-end prochain. Pourriez-vous nous appeler le soir, de préférence, pour nous confirmer votre arrivée ?

☐

4.
Monsieur le Directeur,
Veuillez trouver ci-joint un chèque d'un montant de 800 € correspondant aux arrhes à verser pour mon séjour à Royan du 4 au 26 juillet prochain.

a)
En vous souhaitant bonne réception, je vous prie d'agréer, Monsieur le Directeur, l'expression de mes salutations distinguées.

b)
Le répondeur sera branché. Nous serons heureux de vous revoir.
A bientôt

c)
Nous comptons sur votre ponctualité et vous prions d'agréer, Mesdames, Messieurs, l'expression de nos meilleurs sentiments.
Votre agent Voyages Sans Frontières

d)
Nous sommes certains qu'il s'agit d'un oubli de votre part et serions heureux que vous fassiez le nécessaire afin d'honorer vos engagements.
En raison de nos bonnes relations, nous vous accordons un délai supplémentaire d'une semaine.
Dans l'attente de votre paiement, nous vous prions d'agréer, cher client, l'expression de nos salutations distinguées.

17

Spécialités régionales

Aus welchen Regionen Frankreichs stammen die folgenden Spezialitäten? Ordnen Sie zu.

1. ☐ la bouillabaisse
2. ☐ la choucroute
3. ☐ le cassoulet
4. ☐ les crêpes
5. ☐ le calvados
6. ☐ les tripes
7. ☐ le nougat
8. ☐ la poularde
9. ☐ les huîtres
10. ☐ la tarte flambée
11. ☐ la moutarde
12. ☐ le gigot de pré-salé
13. ☐ la fondue savoyarde
14. ☐ le Saint-Emilion
15. ☐ le bœuf bourguignon
16. ☐ les truffes
17. ☐ le foie gras
18. ☐ le thon
19. ☐ le melon
20. ☐ le Roquefort
21. ☐ le pavé de boeuf
22. ☐ la salade niçoise

Wortschatz

a) Dijon

b) l'Alsace (2 x)

c) la Savoie

d) la Bretagne (2 x)

e) Toulouse et le Sud-Ouest

f) le Bordelais

g) Nice

h) Caen

i) le Périgord (2 x)

j) Cavaillon/Provence

k) la Bourgogne

l) Marseille

m) le Mont-Saint-Michel

n) la Normandie

o) le Charolais/Massif Central

p) Montélimar

q) la Bresse

r) les Causses/Massif Central

s) le Pays Basque

18

Le subjonctif (2)

Setzen Sie das in Klammern stehende Verb in den Subjonctif.

1. Nous sommes tristes que vous ne .... *(pouvoir)* pas accepter notre invitation.
2. Tes parents seront contents que tu .... *(réussir)* tes examens.
3. Je suis désolée que vous .... *(devoir)* attendre encore un peu.
4. Les supporters sont déçus que leur équipe .... *(n'avoir pas gagné)*.
5. Ça m'agace qu'ils ne .... *(savoir)* pas se taire.
6. La population est soulagée que la guerre .... *(être)* finie.
7. J'ai hâte que vous .... *(rentrer)* de vacances.
8. On est surpris qu'ils .... *(n'avoir pas encore téléphoné)*.
9. Les gens exigent qu'on .... *(mettre)* fin à la famine.

10. Tout le monde approuve que les gouvernements .... *(vouloir)* faire cesser le trafic de la drogue.

11. L'essentiel, c'est qu'on .... *(avoir)* la santé.

12. Nous sommes étonnés que ce film ne vous .... *(plaire)* pas.

13. Il aimerait bien que vous lui .... *(téléphoner)* demain.

14. Les voisins ne supportent pas que les enfants .... *(faire)* du bruit.

15. Ça nous fait plaisir que vous .... *(venir)* nous voir.

16. Le rêve serait que tu ne .... *(faire)* pas trop de fautes.

17. Le plus triste, c'est qu'on .... *(devoir)* rentrer dans deux jours.

19

L'apéritif

Hier geht's um den Aperitif. Kreuzen Sie die richtigen Aussagen an. Achtung: Manchmal sind mehrere Antworten richtig.

1. A l'apéritif, vous invitez

   ☐ a) des copains.
   ☐ b) des personnes que vous connaissez très bien.
   ☐ c) des personnes que vous connaissez peu.

2. L'invitation à l'apéritif se fait

   ☐ a) vers 11h 30 avant le déjeuner.
   ☐ b) le soir après le dîner.
   ☐ c) vers 18h 30.

3. La tradition de l'apéritif, c'est

   ☐ a) une mode.
   ☐ b) une fonction sociale.
   ☐ c) refuser d'inviter des gens à dîner.

4. Comme apéritif, on sert

   ☐ a) de l'eau minérale.
   ☐ b) du cognac.
   ☐ c) des vins cuits.
   ☐ d) de la bière.

5. Le kir est aussi un apéritif, c'est

   ☐ a) du vin rouge et de l'eau.
   ☐ b) du vin blanc et de l'eau.
   ☐ c) de la crème de cassis et du vin blanc.

6. Les boissons anisées (Pernod, Pastis, Ricard)

   ☐ a) sont des digestifs.
   ☐ b) se boivent avec de l'eau.
   ☐ c) se boivent sans eau.

7. On mange

   ☐ a) un grand repas.
   ☐ b) des biscuits salés.
   ☐ c) des pâtisseries sucrées.
   ☐ d) rien.

8. La France

   ☐ a) produit beaucoup de sortes d'apéritifs.
   ☐ b) n'en produit pas.

9. La grande région productrice, c'est

   ☐ a) la Champagne.
   ☐ b) le Bordelais.
   ☐ c) le Roussillon.

20

Au restaurant

Der Dialog zwischen einem Gast (💬) und einer Kellnerin (🗨) in einem Restaurant ist ein wenig durcheinandergeraten. Können Sie das Gespräch in die richtige Reihenfolge bringen?

- [ ] 💬 Oui. C'est terminé.
- [ ] 🗨 Un café ?
- [6] 💬 Qu'est-ce que c'est, cette entrecôte aux herbes ?
- [ ] 🗨 Saignante ou à point ?
- [ ] 💬 Oui, un café et l'addition, s'il vous plaît.
- [ ] 💬 Saignante.
- [ ] 🗨 Une entrecôte grillée avec des herbes aromatiques : de l'ail, du persil, du thym et de la ciboulette.
- [ ] 💬 Qu'est-ce que vous me conseillez ?
- [ ] 🗨 Très bien. Et ensuite ?
- [ ] 💬 Oui, c'est une idée.
- [ ] 🗨 Un fromage ou un dessert ?
- [ ] 💬 Une demi-Côtes-du-Rhône et un demi-Vittel.

...

- [ ] Nos grillades sont excellentes.
- [1] Vous avez choisi ?
- [ ] Ah non ! Je n'aime pas l'ail.
- [15] C'est terminé ?
- [ ] Un fromage, s'il vous plaît. …
- [ ] Prenez une entrecôte toute simple.
- [ ] Pour commencer, je vais prendre une salade aux noix.
- [ ] Et comme boisson ?

21

Dans une boutique de mode

Das Verkaufsgespräch zwischen einer Kundin (💬) und der Verkäuferin (💬) ist in Unordnung geraten. Können Sie die Dialogteile in die richtige Reihenfolge bringen?

- [ ] Pure laine, de préférence !
- [ ] Vous avez raison, il vous va très bien.
- [ ] Bleu clair, bleu marine ?
- [ ] Je peux l'essayer ?
- [ ] Où est la caisse ?
- [ ] Oui, j'aimerais un beau bleu.
- [ ] Oui, en voilà un.
- [16] Je vous apporte un 36. ... Tenez ! Essayez-le !
- [ ] Un peu large, je trouve.
- [ ] J'ai ceci, par exemple.
- [ ] En pure laine ou en mélangé ?
- [ ] Là-bas, à droite. ... Merci, Madame. Au revoir, Madame.
- [ ] Bien sûr. Vous avez une cabine, juste derrière vous.

- [ ] Oui, s'il vous plaît. Je cherche un pull à col roulé.
- [ ] Il vous va comment ?
- [1] Bonjour, Madame. Je peux vous aider ?
- [ ] Un bleu pour aller avec mon jean.
- [ ] Oui, c'est pas mal. Vous l'avez en 38 ?
- [5] Vous cherchez une couleur précise ?
- [ ] Ah oui, c'est beaucoup mieux. Je le prends !

22

Faites votre valise !

In dem folgenden Buchstabengitter sind 17 Wörter für Kleidungsstücke versteckt. Kreisen Sie sie ein.

Z	A	P	R	O	W	D	K	D	C	I	L	E	V
S	N	U	A	N	O	R	A	K	L	M	E	C	A
Q	V	E	B	L	U	A	V	F	Z	P	K	J	E
H	E	U	L	B	E	O	R	O	B	E	D	U	U
T	S	M	R	E	F	A	T	U	B	R	C	P	A
F	T	O	P	A	N	T	A	L	O	N	H	E	C
U	E	C	N	H	S	E	D	A	T	L	A	N	O
D	K	H	E	U	R	I	L	R	T	P	U	L	L
C	H	E	M	I	S	E	D	D	E	N	S	Q	L
S	X	M	T	X	L	O	N	H	S	T	S	O	A
V	I	I	A	S	R	Q	F	G	P	G	E	I	N
I	E	S	H	B	O	N	N	E	T	B	T	T	T
T	A	I	L	L	E	U	R	I	L	L	T	S	H
M	J	E	H	C	E	I	N	T	U	R	E	P	F
A	S	R	Q	F	G	P	G	A	N	T	S	R	A

23

Parlez comme les Français !

Die Wörter der folgenden Sätze sind ein wenig durcheinandergeraten. Bringen Sie sie in die richtige Reihenfolge. Aber Vorsicht mit dem Satzbau: Es handelt sich hier um typische gesprochene Sprache.

1. une voiture/rouge !/père, il a/Moi, mon

   ....

2. vendu sa voiture !/que mon frère/a déjà/oubliez, c'est/Ce que vous

   ....

3. vacances, ça,/jamais !/Laurent ne l'acceptera/ Le laisser tout seul/pendant les

   ....

4. toujours autant !/les gens/surprenant, c'est que/ dépensent/Ce qui est

   ....

5. plus compréhensif/envers eux !/faudrait être/ Peut-être qu'il

   ....

6. pas continuer/Moi, ce que je crois,/c'est que ça/ comme ça !/ne peut

   ....

7. ferme dans une demi-heure !/la banque/c'est que/ Le problème,

   ....

8. ne sera/Peut-être/débat !/que dans/plus un sujet de/quelque temps, ce

   ....

9. qui l'intéresse !/Son ordinateur/tout ce/, c'est

   ....

10. acheté leur/pas, c'est/appartement/qu'ils ont/ Ce que je ne savais

    ....

11. tu l'as/La/faite ?/vaisselle

    ....

12. t'as pensé/Du pain,/à en acheter/, j'espère !

    ....

13. blanc,/Le vin/frais !/ça se boit

    ....

14. c'est un/aurait du sens !/qui /Ça,/programme

    ....

24

Devinettes (2)

Finden Sie bei jedem der folgenden Rätsel das Wort, das in alle Sätze passt. Der Anfangsbuchstabe ist jeweils vorgegeben.

Rätsel 1

On sert le champagne dans une **?** .
C'est aussi un instrument de musique.
C'est une baguette de pain.

C'est la f.................................

Rätsel 2

Beaucoup d'écoliers n'aiment pas tellement les **?** mathématiques.
Ce n'est pas drôle de subir une **?** chirurgicale.
Les banques s'occupent des **?** financières.

C'est l'o..............................

Rätsel 3

Il y a la **?** , l'antithèse et la synthèse.
Cet étudiant prépare sa **?** pour obtenir son doctorat.
Elle peut être synonyme d'opinion. C'est une **?** .

C'est la t.................................

Rätsel 4

C'est parfois très dur de **?** sa vie.
C'est rare de **?** le gros lot au loto.
Les chances de **?** une compétition sportive sont plus grandes qu'au loto.

C'est le verbe g.................................

Rätsel 5

Il faut remplir des formulaires pour **?** une autorisation.
On suit des cours avant d'**?** son permis de conduire.
La recherche s'efforce d'**?** des résultats.

C'est le verbe o.................................

Rätsel 6

Notre ami n'est pas arrivé à l'heure parce qu'il s'est **?** de chemin.
Cet appareil ne fonctionne pas : le bureau d'études s'est **?** dans ses calculs.
S'il vous plaît, vous ne vous êtes pas **?** dans l'addition ?

C'est le verbe t.................................

25

Une biographie

Balzacs Biographie ist noch nicht ganz vollständig. Können Sie die fehlenden Zeitangaben aus dem Kasten in den Text einsetzen?

l'année • en • le 19 août 1850

Durant la période • A partir

de • dès • en • Enfin • A • Après

plus tard • tard • le 20 mai 1799 • tôt

Honoré de Balzac est né à Tours .... ①. Après la nomination de son père à Paris, il fréquente des institutions parisiennes, ... ② même temps il étudie le droit et se passionne pour la philosophie. Très .... ③, ... ④ l'adolescence, il montre un grand intérêt pour la littérature.

Quelque temps .... ⑤, sa première œuvre, une tragédie, est un échec. Il essaie alors un genre nouveau, le roman. .... ⑥ des débuts très difficiles, il se remet à écrire et, ... ⑦ 1829, publie ses premières œuvres, c'est une réussite. .... ⑧

ce moment, les romans vont se succéder à un rythme incroyable. Il écrit, fréquente les salons littéraires, voyage et commence sa correspondance avec Mme Hanska.

Sa production est diverse : romans philosophiques et romans de mœurs sans oublier les Contes drôlatiques. .... ⑨ 1835 – 1841, Balzac pense à grouper ses écrits et études en un ensemble organisé qui se veut être une image de la société toute entière. Un an plus .... ⑩, il choisit le titre de la Comédie Humaine. .... ⑪ riche et célèbre, il épouse, ... ⑫ de sa mort, Madame Hanska.

.... ⑬ 51 ans, Balzac meurt .... ⑭.

26

Voyage en train

Auf Reisen kann einem so einiges passieren. Wenn Sie die fehlenden Wörter aus dem Kasten in den Dialog einsetzen, können Sie etwas über das Zugfahren in Frankreich erfahren.

possible • accord • libre • savoir
amende • composté • réservation
billet • faire une réclamation
place • pris • obligatoire • Désolé
obligé • monter

Votre .... ❶, s'il vous plaît ! ... Merci. Vous n'avez pas .... ❷ votre billet ?

Composter ? Qu'est-ce que ça veut dire ?

Il faut composter son billet avant de .... ❸ dans le train.

Mais personne ne me l'a dit quand j'ai .... ❹ mon billet.

.... ❺, mais vous n'êtes pas en règle.

Je suis en France pour la première fois, je ne pouvais pas .... 6.

Le règlement, c'est le règlement !

Oui d'........................ 7, mais je ne suis pas Français, c'est difficile pour moi !

Et votre .... 8 ?

Quelle réservation ? La .... 9 était .... 10.

La réservation est .... 11 dans le TGV, Monsieur !

On ne me l'a pas dit non plus !

Je regrette, mais je suis .... 12 de vous faire payer une .... 13.

Ce n'est pas .... 14.

Vous pouvez toujours .... 15 auprès de la Direction.

Certainement !

27

Pour les gourmets

Unter welcher Rubrik der Speisekarte lassen sich diese Speisen finden? Ordnen Sie zu.

le plateau de fromages

la terrine du chef

la mousse au chocolat

la truite au bleu

la frisée aux lardons

la salade de tomates

la tarte aux épinards

les filets de sole normande

la lotte provençale

le steak au poivre

la crème caramel

la bouchée à la reine

la coquille Saint-Jacques gratinée

le coq au vin

le plateau de fruits de mer

le poulet rôti

la tarte Tatin

l'assiette anglaise

Entrée froide

....
....
....
....
....

Entrée chaude

....
....
....
....
....
....

Plat principal

....
....
....
....

Dessert

....
....
....
....

28

Vrai ou faux ?

Steht in den folgenden Sätzen das mit einem Raster unterlegte Verb in der richtigen Form? Tragen Sie R *für „richtig" bzw.* F *für „falsch" ein.*

1. ☐ Il ne fait pas assez chaud pour ouvrir la fenêtre.
2. ☐ Fermez la porte de peur que le chien ne s'en va.
3. ☐ Les résultats seront excellents à condition que vous preniez des précautions.
4. ☐ Ils ont quitté la salle sans que le conférencier les entend.
5. ☐ Vous obtiendrez de bons résultats à condition de prendre des précautions.
6. ☐ Vous devriez téléphoner avant qu'il soit trop tard.
7. ☐ En attendant que le rôti est prêt, prenons l'apéritif !
8. ☐ S'il s'entraînerait mieux, il pourrait gagner plus souvent.
9. ☐ Dès qu'il fait beau, les gens aiment sortir.
10. ☐ Bien qu'on arrose, le jardin est encore sec.

11. ☐ C'est la plus belle ville que nous avons visitée.

12. ☐ Tant que les enfants soient petits, on passe les vacances à la mer.

13. ☐ Bien qu'il ait plu beaucoup, le match a eu lieu.

14. ☐ Le téléphone a sonné au moment de partir.

15. ☐ Ils ont déménagé après que leur premier enfant soit venu au monde.

16. ☐ L'affaire présente trop de risques pour qu'on se lance dans une telle aventure.

17. ☐ On n'ira pas sur la côte dimanche à moins qu'il fait très beau.

18. ☐ Si on aurait su, on serait allé visiter cette exposition.

29

Proverbes

Was gehört zusammen? Hier sind einige Sprichwörter und Redensarten durcheinandergeraten. Ordnen Sie jedem Satzanfang das passende Satzende zu.

1. ☐ Nul n'est
2. ☐ Les conseilleurs ne sont
3. ☐ C'est en forgeant
4. ☐ L'argent n'a
5. ☐ Il n'y a pas de fumée
6. ☐ Avec des « si »,
7. ☐ Chat échaudé
8. ☐ La vengeance est un plat
9. ☐ Qui veut la fin
10. ☐ Tout ce qui brille
11. ☐ Prudence est
12. ☐ Qui ne risque rien
13. ☐ Petit à petit,
14. ☐ Tel père,
15. ☐ Si jeunesse savait,
16. ☐ Après la pluie,
17. ☐ Il vaut mieux tenir
18. ☐ Le jeu ne vaut pas
19. ☐ Paris ne s'est pas fait
20. ☐ On ne fait pas d'omelette

Mal was anderes

a) craint l'eau froide.
b) mère de sûreté.
c) l'oiseau fait son nid.
d) que courir.
e) en un jour.
f) qui se mange froid.
g) sans casser d'œufs.
h) pas les payeurs.
i) tel fils.
j) le beau temps.
k) pas d'odeur.
l) si vieillesse pouvait.
m) la chandelle.
n) n'a rien.
o) prophète en son pays.
p) sans feu.
q) on mettrait Paris en bouteille.
r) n'est pas d'or.
s) qu'on devient forgeron.
t) veut les moyens.

30

Quelle maison ! Tous malades !

Beantworten Sie die beiden Fragen anhand folgender Beschreibungen. Ein Tipp: Wenn Sie die Stockwerke (EG bis 5. Stock) und die Krankheiten in die nebenstehende Tabelle eintragen, ist es einfacher.

a) Qui a une intoxication alimentaire ?

....

b) Qui habite au premier étage ?

....

1. Mme Darmont a de très fortes migraines.
2. Mme Favier a un coup de soleil.
3. Mme Simon habite au rez-de-chaussée.
4. M. Le Goff habite au deuxième étage.
5. M. Dubois habite un étage au-dessus de M. Le Goff.
6. La personne qui habite au deuxième étage, s'est cassé la jambe.
7. La personne qui habite au troisième étage, a de la fièvre.
8. Une personne seulement habite au-dessus de Mme Darmont.
9. La personne du dernier étage a été brûlée par une méduse.

Nom	Etage	Problème de santé
Mme Darmont	☐	....
M. Dubois	☐	....
Mme Favier	☐	....
M. Granger	☐	....
M. Le Goff	☐	....
Mme Simon	☐	....

31

Pour aller à... ?

Eine Frau möchte ihre Bekannte besuchen. Die Wegbeschreibung vom Bahnhof zur Wohnung ist jedoch durcheinandergeraten. Bringen Sie sie mit Hilfe des Stadtplanauszugs in die richtige Reihenfolge.

☐ Tu arrives à la gare.

☐ Tu continues jusqu'à la rivière, tu traverses le pont,

☐ Là, tu traverses la place de la Liberté, et puis tu continues toujours tout droit.

☐ Le numéro 17 est juste en face du cinéma.

☐ Ensuite, tu tournes à la première rue à droite.

☐ En sortant de la gare, tu prends à gauche.

☐ Au premier feu, tu tournes à droite.

☐ et alors tu verras le cinéma.

☐ et tu continues tout droit jusqu'au feu.

☐ Tu marches encore 50 mètres

☐ et après, tu prends la deuxième à gauche.

☐ Tu laisses l'église sur ta gauche.

☐ Tu passes devant la poste,

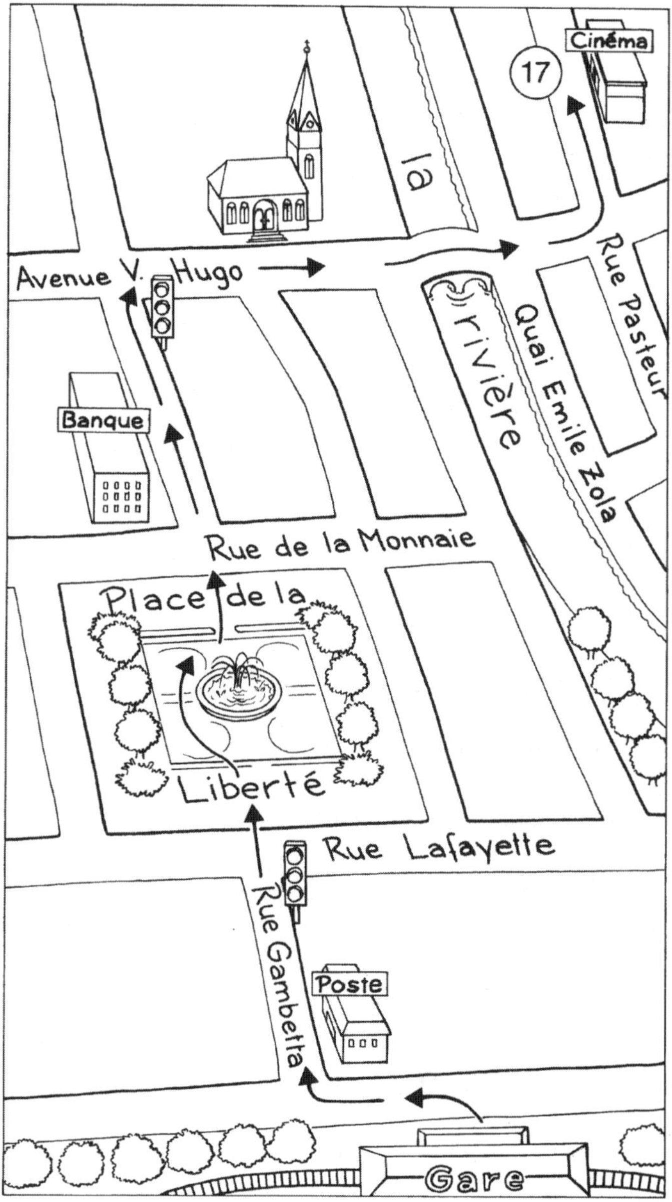
Cinéma
17
la
rivière
Avenue V. Hugo
Rue Pasteur
Quai Emile Zola
Banque
Rue de la Monnaie
Place de la
Liberté
Rue Lafayette
Rue Gambetta
Poste
Gare

32

Pour les végétariens

Vervollständigen Sie dieses Suppenrezept mit den Verben aus dem Kasten. Viel Spaß beim Kochen und: Bon appétit !

ajoutez • mélangez • Remettez • Versez
Egrenez • coupez • Gardez • Epluchez
faites • Faites • jetez • oubliez • Faites
réservez • Passez • décorez
incorporez

Crème de concombre
Il vous faudra :
1 kg de concombres
500 g de pommes de terre
un peu de beurre
une cuiller de farine
un petit pot de crème fraîche

.... ❶ les pommes de terre, puis les concombres. .... ❷ -les et .... ❸ -les en dés. .... ❹ -en quelques-uns. .... ❺ les blanchir quelques minutes dans de l'eau salée et .... ❻ -les.

.... ❼ bouillir deux litres d'eau dans une casserole, ... ❽ -y les concombres et les pommes de terre coupés en dés. N' .... ❾ pas le sel ni le poivre et .... ❿ cuire 20 mn à couvert.

.... ⓫ le potage et .... ⓬ le beurre manié avec la farine. .... ⓭ sur le feu en remuant jusqu'à ébullition.

.... ⓮ le potage et .... ⓯ la crème fraîche, ... ⓰ et .... ⓱ avec les dés de concombre réservés.

33

On y va ?

Setzen Sie die passende Präposition ein. Achten Sie dabei auch auf männliche/weibliche Formen und die Pluralformen.

en ● à ● dans ● chez ● de
au bord de ● par

voyager

.... voiture

.... avion

.... train

.... bicyclette

revenir/ rentrer

.... Sud de la France

.... Alsace

.... Etats-Unis

.... Brest

.... La Rochelle

.... Montpellier

.... la poste

.... Bretagne

.... l'école

.... le Périgord

.... lycée

.... les Alpes

.... la mer

aller

.... Liban

.... l'opéra

.... cinéma

.... le boulanger

.... ses beaux-parents

.... la Lorraine

.... Reims

passer

.... la vallée de la Loire

34

Programme de vacances

Patrick, 16, verbringt ein paar Ferientage bei seiner Großmutter. Er schläft gerne aus, reitet und segelt gern und mag moderne Musik. Was wird er wohl aus dem folgenden Freizeitangebot auswählen?

1. ☐

Venez visiter le parc du château,

ses daims, ses cerfs, ses biches. Promenade en poney pour les enfants.

Ouvert tous les jours
de 10h à 19h en été.

2. ☐

Festival de musique celtique

- Danses folkloriques
- Groupes irlandais et écossais
- Chants, binious, cornemuses et harpes celtiques

Renseignements et réservations :
Tél : (33) 97 64 34 13 ou sur votre
Minitel : 3615 code AZIMUT

3. ☐

N'oubliez pas de visiter
L'ARRIÈRE-PAYS

- Promenade en bateau sur les canaux et les rivières.
- Visite d'un écomusée.

Départ toutes les deux heures de 10h à 16h à l'embarcadère.

4. ☐

Centre équestre offre stages d'équitation:
2h de cours par jour et 1h de promenade
Tarifs spéciaux pour les adolescents.
Renseignements au domaine.

5. ☐

SPECTACLE SON ET LUMIÈRE

Venez revivre vingt siècles d'histoire: spectacle pluriscénique en quadriphonie par les habitants de la région.

les mardis, vendredis et samedis
en juillet et août, à 21h 30

35

Le français parlé

Verstehen Sie die französische Umgangssprache? Dann ordnen Sie zu.

1. ☐ C'est un mec baraqué.
2. ☐ Ça baigne.
3. ☐ C'est la galère.
4. ☐ Ça coûte la peau des fesses.
5. ☐ Manque de pot.
6. ☐ Chouette, ton fut !
7. ☐ Où sont mes godasses ?
8. ☐ Où tu crèches ?
9. ☐ Alors, on bouffe ?
10. ☐ Salut ! J'me taille.
11. ☐ On prend un pot ?
12. ☐ J'suis crevé.
13. ☐ C'est dégueulasse.
14. ☐ C'est rigolo.
15. ☐ Passe-moi un coup de fil !
16. ☐ Je m'en fiche.

a) C'est dégoutant.
b) Pas de chance.
c) Où est-ce que tu habites ?
d) Il est bien, ton pantalon !
e) Ça va bien.
f) Ça coûte très cher.
g) Je suis très fatigué.
h) Alors, on mange ?
i) Téléphone-moi !
j) Où sont mes chaussures ?
k) C'est un homme très fort.
l) Je pars.
m) C'est très dur.
n) On boit quelque chose ?
o) Ça m'est égal.
p) C'est amusant.

36

A la réception de l'hôtel

Bei dem folgenden Gespräch an einer Hotelrezeption fehlen die Fragen. Setzen Sie die Nummer der folgenden Fragen an der richtigen Stelle im Dialog ein.

1. Vous avez un garage ?
2. Elle est à combien ?
3. A quelle heure servez-vous le petit déjeuner ?
4. Et l'ascenseur, où est-il ?
5. C'est une chambre avec douche ?
6. Le petit déjeuner est compris ?
7. C'est pour combien de nuits ?
8. C'est payant ?
9. Elle donne sur la rue ?
10. Est-ce que vous avez des chambres pour deux personnes ?

Bonsoir, Monsieur.

☐

Des chambres doubles ?… Oui, il nous en reste. ☐

Une nuit. ☐

Oui. J'en ai une avec télé et une sans télé.

Avec télé ! ☐

Non, elle est tranquille, elle donne sur la cour.

☐

90 €, Monsieur.

☐

Non, c'est 8 € par personne.

☐

A partir de 7h.

☐

Non, Monsieur. Mais dans la cour, vous avez des parkings.

☐

Non, c'est gratuit.

Bon, nous la prenons.

Très bien. Voilà votre clé. C'est au troisième étage.

☐

Juste derrière vous, à droite.

Merci.

37

Vive le sport !

Lesen Sie die folgenden Aussagen zum Thema „Sport", und entscheiden Sie, ob sie richtig R *oder falsch* F *sind.*

1. ☐ Le « prix de l'Arc de Triomphe » est une parade militaire sur les Champs-Elysées à Paris.
2. ☐ Un Français a traversé l'Atlantique à la rame.
3. ☐ En Formule 1, Alain Prost a été champion du monde trois fois.
4. ☐ La France ne participe pas au « Tournoi des cinq Nations ».
5. ☐ Les sports nautiques sont peu nombreux en France.
6. ☐ « Les 24 heures du Mans » sont un tournoi de danse.
7. ☐ « La Coupe de France » est décernée à l'équipe de football championne de 2ème division.
8. ☐ « Le Trophée Lancôme » est un tournoi de golf.
9. ☐ « Le Tour de France » est une course de motos.
10. ☐ La Route du Rhum est une course de voiliers qui a été remportée par une Française.

11. ☐ « Le Trophée Lalique » est la course des garçons de café.

12. ☐ Roland Garros est un ancien joueur de tennis.

13. ☐ « Le Paris – Dakar » est une course de camions.

14. ☐ Grenoble et Albertville sont des villes olympiques d'hiver.

15. ☐ Il existe des championnats de pétanque.

16. ☐ « L'Open de Bercy » est un tournoi de tennis de table.

17. ☐ « Le Bol d'Or » est une course de motos.

18. ☐ Lacoste est un aviateur célèbre.

38

A La Villette

Wenn Sie den Text lesen, werden Sie leicht entscheiden können, ob die folgenden Aussagen richtig R *oder falsch* F *sind.*

1. ☐ La Villette, c'est une petite ville.
2. ☐ C'est un lieu de culture et de loisirs.
3. ☐ La Géode est une salle de concert.
4. ☐ La Cité est le seul bâtiment du parc.
5. ☐ Toutes les expositions sont temporaires.
6. ☐ Il n'y a rien pour les enfants.
7. ☐ Les professeurs peuvent y faire leurs cours.
8. ☐ On peut y trouver un centre de documentation.
9. ☐ Les visiteurs peuvent piloter un avion en simulation.
10. ☐ La Villette n'offre pas de services internationaux.

La Villette, c'est un parc de 55 ha dans le 19ème arrondissement de Paris, dans lequel se trouvent, entre autres, la Cité des Sciences et de l'Industrie, la Cité de la Musique, la Grande Halle dans le style d'un marché couvert et un centre de manifestations culturelles ou populaires (le Zénith). Une grosse boule brillante attire l'attention : la Géode, espace de projections sur très grand écran.

La Cité des Sciences, c'est un lieu de rencontre pour communiquer des connaissances scientifiques et techniques. EXPLORA, un espace d'expositions permanentes, présente l'homme confronté à son environnement. La Cité propose aussi des expositions temporaires sur un thème : l'eau, l'homme dans l'univers, etc. Ce qui fascine le visiteur, c'est qu'il peut, s'il le désire, piloter un Airbus dans une cabine de simulation, visiter un sous-marin, une station spatiale, la coiffe de la fusée Ariane ou participer à toutes sortes d'expériences de physique, d'optique, etc.

La Cité s'adresse aussi aux enfants à l'Inventorium où ils peuvent satisfaire leur curiosité en manipulant les objets. Et les professeurs peuvent y accompagner leurs classes.

Chargée de diffuser la culture scientifique, La Villette met à la disposition des intéressés une médiathèque, un centre de conférences internationales, un planétarium et des expositions itinérantes.

39

Fautes typiques

Von den jeweils zwei Sätzen ist immer nur einer korrekt. Der andere Satz enthält einen häufig gemachten Fehler. Kreuzen Sie den richtigen Satz an.

1. a) ☐ On regrette qu'on n'ait pas vu ce film.
   b) ☐ On regrette de ne pas avoir vu ce film.

2. a) ☐ Je n'ai pas compris qu'est ce qu'il a dit.
   b) ☐ Je n'ai pas compris ce qu'il a dit.

3. a) ☐ Elle est aussi grande que son frère.
   b) ☐ Elle est aussi grande comme son frère.

4. a) ☐ Ils sont arrivés avant une heure.
   b) ☐ Ils sont arrivés il y a une heure.

5. a) ☐ Au moment, ça va.
   b) ☐ En ce moment, ça va.

6. a) ☐ J'aime la musique.
   b) ☐ J'aime musique.

7. a) ☐ Tu t'as reposé longtemps ?
   b) ☐ Tu t'es reposé longtemps ?

8. a) ☐ Personne n'est là.
   b) ☐ Personne n'est pas là.

9. a) ☐ Il répète toujours le même.
   b) ☐ Il répète toujours la même chose.

10. a) ☐ Les gens parlent mal.
    b) ☐ Les gens parlent mauvais.

11. a) ☐ Sylvie est contente avec sa voiture.
    b) ☐ Sylvie est contente de sa voiture.

12. a) ☐ Sophie et leur fille vont au cinéma.
    b) ☐ Sophie et sa fille vont au cinéma.

13. a) ☐ Ils nous ont raconté d'un beau voyage.
    b) ☐ Ils nous ont raconté un beau voyage.

14. a) ☐ Beaucoup d'enfants jouent ici.
    b) ☐ Beaucoup des enfants jouent ici.

40

Location de vacances

Eine Kundin will bei einem Reisebüro telefonisch Näheres über eine Ferienwohnung erfahren. Setzen Sie die folgenden Fragen in den Dialog ein.

1. Les toilettes sont séparées de la salle de bains ?
2. Et y a-t-il un garage ?
3. Elle a combien de pièces ?
4. Et il faut aller loin pour faire les courses ?
5. c'est un appartement ou une maison ?
6. Est-ce qu'il y a un jardin ?
7. Elle fait quelle superficie ?
8. La cuisine est indépendante de la salle de séjour ?
9. Avec vue sur la mer ?
10. Que désirez-vous ?
11. Elle est dans une rue à grande circulation ?

Agence de la mer, bonjour !

Je vous appelle à cause de votre annonce.

Oui, laquelle?

Elle concerne une location pour le mois de juillet.

Oui. ☐

Je voudrais savoir si ☐

Une petite maison.

☐

Non. Mais la plage est à deux cent mètres.

☐

Trois pièces, plus cuisine et sanitaires.

☐

Oui, elle communique avec la terrasse et la salle de séjour.

☐

Oui, bien sûr.

☐

80m² sans la terrasse. Il y a une terrasse avec barbecue.

☐

Oui, tout autour de la maison.

☐

Non, c'est une rue secondaire. Il y a peu de passage.

☐

Vous avez un centre commercial à 1 km environ.

☐

Non, mais il n'y a pas de problème de parking dans cette rue.

41

Demandes diverses

Welche Antworten passen zur gestellten Frage? Kreuzen Sie an. Achtung: Es gibt immer mehrere richtige Antworten.

1. *Vous voulez bien nous prendre en photo ?*
   - ☐ a) Bien sûr !
   - ☐ b) Je viendrai demain.
   - ☐ c) Où faut-il appuyer ?
   - ☐ d) Il fait beau.
2. *Pardon, vous pouvez me passer le sel ?*
   - ☐ a) Voilà le poivre.
   - ☐ b) J'ai froid.
   - ☐ c) Voici.
   - ☐ d) Avec plaisir.
3. *Il y a un train à quelle heure ?*
   - ☐ a) Tous les jours à 7 h.
   - ☐ b) Toutes les deux heures.
   - ☐ c) A 20h 38.
   - ☐ d) Hier.
4. *Tu prends un café ?*
   - ☐ a) Non, merci.
   - ☐ b) Je préfère un thé.
   - ☐ c) Je n'aime pas les fruits.
   - ☐ d) Oui, volontiers.
5. *On va au cinéma ce soir ?*
   - ☐ a) Oui, à midi.
   - ☐ b) Oh oui, c'est une bonne idée.
   - ☐ c) Non, je n'aime que le sport.
   - ☐ d) C'est une erreur.

6. *Auriez-vous la gentillesse de me prêter votre stylo ?*
   - ☐ a) Avec plaisir.
   - ☐ b) Je n'en ai pas.
   - ☐ c) Je ne vous connais pas.
   - ☐ d) Oui, mais il n'écrit pas très bien.

7. *Comment vas-tu ?*
   - ☐ a) Ça va. Et toi ?
   - ☐ b) Très bien, merci, et toi ?
   - ☐ c) Ça ne va pas fort.
   - ☐ d) Il ne fait pas chaud.

8. *Je peux vous aider ?*
   - ☐ a) Non, merci.
   - ☐ b) Ce n'est pas la peine.
   - ☐ c) Les gens ne comprennent rien.
   - ☐ d) Merci beaucoup, c'est très gentil.

9. *Que dit la météo ?*
   - ☐ a) Il est 20 heures.
   - ☐ b) Il va neiger.
   - ☐ c) Elle annonce des orages.
   - ☐ d) Risque de tempête en mer.

10. *Ça coûte combien ?*
    - ☐ a) Ce n'est pas frais.
    - ☐ b) 23 € le kilo.
    - ☐ c) 10 € les trois.
    - ☐ d) C'est gratuit.

11. *On peut se garer ici ?*
    - ☐ a) Oui, c'est autorisé.
    - ☐ b) Vous n'avez pas vu la pancarte ?
    - ☐ c) Non, c'est interdit.
    - ☐ d) Revenez demain.

42

Des formes et des couleurs

Mit welchem Adjektiv würden Sie die folgenden Substantive in Verbindung bringen? Ordnen Sie zu.

le saphir ● le gazon ● la poste
la balle ● la paille ● la tulipe ● la pistache
le sang ● la mort ● le soleil ● les épinards
les dents ● la tulipe ● le nuage ● l'ébène
la meringue ● les pompiers ● le rubis
le cercle ● l'anneau ● le bleuet ● le canari
le cobalt ● la neige ● l'herbe
la fraise ● la pièce de monnaie ● la colombe
le citron ● le persil ● le lait ● la roue
les feuilles ● le mimosa ● le ballon ● la craie
l'avocat ● le charbon ● l'hémoglobine
le deuil ● la nuit ● la framboise ● la bague
le tunnel ● l'amour ● la banane ● la tomate
la pleine lune ● le sel ● l'émeraude
le ciel ● la chantilly ● l'humour
la cerise ● la mer

jaune

....

....

....

rouge

....

....

....

bleu

....

....

....

blanc

....

....

....

vert

....

....

....

noir

....

....

....

rond

....

....

....

43

Pronoms

Setzen Sie in jede Lücke ein Pronomen ein. Im Kasten sind einige vorgegeben.

nous • eux • te • toi • vous • le • leur
en • les • moi • y • lui

1. Nous .... invitons chez .... samedi.
   J'espère que .... pourrez venir.
2. Où étais-tu, Nicolas? Je ....'ai appelé trois fois.
3. Je mets le courrier dans le tiroir ?
   Non, il faut .... porter dans le bureau à côté.
4. Tu as vu mes clés ? Je ne .... trouve plus.
   Aide-........... à .... chercher, s'il te plaît !
5. Vous avez vu Sylvie et Véronique ?
   Oui, on .... a rencontrées hier.
   On .... a demandé de venir ce soir.
   Et Philippe ? Tu .... as téléphoné ?
6. Vous emmenez vos enfants ?
   Non, on .... emmène chez leur grand-mère.

7. N'achète pas le journal ! Je .... prendrai tout à l'heure. Et n'achète pas de pain non plus. Brigitte .... a déjà acheté.

8. Mon mari et moi, ... aimons beaucoup passer nos vacances sur une île. On .... trouve tout ce qu'on veut. On s'........... repose très bien.

9. Ah, bonjour ! Vous êtes rentrés de vacances. Où étiez-vous ?
   On était aux Antilles. On .... a passé trois semaines splendides. On .... revient tout juste.

10. Dorothée, c'est .... qui as pris le dictionnaire ? Rapporte-......... .... ! Nous .... avons besoin !

11. Les enfants s'amusent bien mais ce ne sont pas .... qui ont cassé le vase.

12. Vous avez réfléchi à notre projet ?
   Oui, nous nous .... intéressons beaucoup. Les personnes concernées .... pensent beaucoup de bien.
   Parfait. Je vais .... parler moi-même demain. Après quoi, on .... fera voter.

44

Les adjectifs

A

Kennen Sie das Gegenteil zu den folgenden Eigenschaftswörtern?

1. riche ....
2. vieux ....
3. beau ....
4. connu ....
5. grand ....
6. étroit ....
7. rapide ....
8. gai ....
9. heureux ....
10. agréable ....
11. intelligent ....
12. varié ....
13. amusant ....
14. original ....
15. impossible ....
16. inutile ....
17. juste ....
18. bon ....
19. malade ....
20. blanc ....

B

Schreiben Sie nun die jeweils weibliche Form der Eigenschaftswörter auf.

1. ....
2. ....
3. ....
4. ....
5. ....
6. ....
7. ....
8. ....
9. ....
10. ....
11. ....
12. ....
13. ....
14. ....
15. ....
16. ....
17. ....
18. ....
19. ....
20. ....

45

Pour la conversation

Was sollen die Äußerungen 1. bis 21. ausdrücken? Ordnen Sie jedem Satz eine (bzw. zwei) der Funktionen a) bis e) zu.

a) einen Vorschlag machen
b) eine Meinung ausdrücken
c) einen Vorwurf machen
d) einen Rat geben
e) eine Einladung aussprechen

1. ☐ Vous feriez bien de prendre un taxi !
2. ☐ C'est délicieux.
3. ☐ Tu ne pouvais pas téléphoner ?
4. ☐ C'était formidable !
5. ☐ ☐ Passez donc prendre l'apéritif un soir !
6. ☐ C'est à cette heure-là que tu rentres !!!
7. ☐ A votre place, je ne répondrais pas.
8. ☐ Je n'aime pas du tout ce genre de chose.
9. ☐ Il vaut mieux que tu commences tout de suite.

10. ☐ Et si on allait au cinéma ?

11. ☐ ☐ Venez nous voir samedi soir !

12. ☐ ☐ Ça te dit d'aller à la campagne dimanche ?

13. ☐ Je peux venir demain si ça vous arrange.

14. ☐ Ça me laisse complètement indifférent.

15. ☐ ☐ Tu es libre ce soir ? J'ai des billets pour la Comédie Française !

16. ☐ Je trouve ça stupide !

17. ☐ Ça aurait pu être mieux !

18. ☐ Vous seriez d'accord pour partir en juillet ?

19. ☐ Si tout le monde faisait comme vous !!!

20. ☐ On devrait acheter ce modèle, vous ne croyez pas ?

21. ☐ Vous auriez dû appeler Monsieur Leblanc !

47

« Le franglais »

In den französischen Wortschatz wurden im Laufe der Zeit viele englische Wörter aufgenommen. Können Sie für diese englischen Begriffe die richtigen „Übersetzungen" aus dem Kasten finden?

les vedettes ● le lait battu
la fin de semaine ● le billet ● le palmarès
les manageurs ● l'allure ● le lèche-vitrines
la télécopie ● la mercatique
l'imperméable ● l'aéroglisseur
les adolescents ● le baladeur ● le travail
une pénichette ● l'avion à réaction
le restovite ● les affaires ● le savoir-faire
le maquillage ● le libre-service
les cadreurs ● conter fleurette
le remueméninges ● le tricot de peau

1. le fast-food ....
2. le hit-parade ....
3. le hovercraft ....
4. les teenagers ....
5. le walkman ....
6. le milk-shake ....
7. flirter ....
8. les stars ....

9. les cameramen ....
10. le make-up ....
11. le look ....
12. le tee-shirt ....
13. le house-boat ....
14. le trench ....
15. le shopping ....
16. le self-service ....
17. le fax ....
18. le ticket ....
19. le jet ....
20. le job ....
21. le brain-storming ....
22. le know-how ....
23. les managers ....
24. le marketing ....
25. le business ....
26. le week-end ....

48

Au voleur !

Streichen Sie die falsche Zeitform druch.

Un cambrioleur s'introduisait/s'est introduit ❶ dans un appartement dont les propriétaires étaient/ont été ❷ absents pour la soirée, en cassant une vitre de la porte de la terrasse. L'employée de maison qui est/était ❸ restée seule, a entendu/entendait ❹ du bruit et s'approchait/s'est approchée ❺ alors de la terrasse mais le voleur s'est précipité/se précipitait ❻ sur elle et a exigé/exigeait ❼ sous la menace de son revolver qu'elle le mène à la chambre de ses maîtres où se trouvaient/se sont trouvés ❽ les bijoux et autres objets précieux. Il a pris/prenait ❾ son butin, neutralisait/a neutralisé ❿ l'employée et l'a ligotée/la ligotait ⓫. Il réussissait/a réussi ⓬ à prendre la fuite. Selon le récit de l'employée, l'homme avait/a eu ⓭ une trentaine d'années et les cheveux bruns. Il a mesuré/mesurait ⓮ environ 1m 75 et portait/a porté ⓯ un blouson marron et un jean. Ce sont les propriétaires eux-mêmes qui libéraient/ont libéré ⓰ leur employée à leur retour. Les policiers ont déclaré/déclaraient ⑰ : « Le malfaiteur a pénétré/pénétrait ⑱ dans l'immeuble par le garage souterrain, et il a pu/pouvait ⑲ ainsi accéder à l'ascenseur qui menait/a mené ⑳ aux appartements. »

49

Voyage en France

Gesucht werden Namen von Städten und Regionen. Tragen Sie die Wörter waagerecht in das Gitter ein. Das Lösungswort, das sich senkrecht ergibt, ist der Name einer bekannten Stadt am Ärmelkanal.

1. La capitale du cinéma en mai, c'est ....
2. On visite les menhirs à ....
3. La .... est très célèbre pour ses châteaux.
4. Les .... séparent la France de l'Espagne.
5. .... est une grande station balnéaire du sud-ouest.
6. .... est une capitale du champagne.
7. Camembert est une ville de ....
8. La deuxième ville de France s'appelle ....
9. .... est la capitale de la porcelaine.

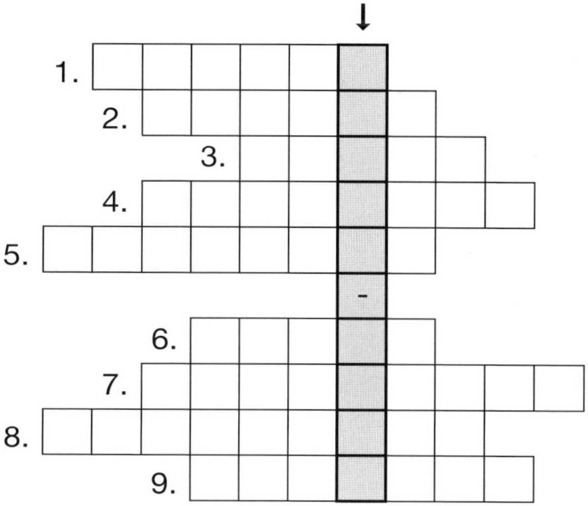
1.
2.
3.
4.
5.
-
6.
7.
8.
9.

50

Faux amis

Wussten Sie schon, dass viele französische Wörter eine andere Bedeutung haben, obwohl sie ähnlich aussehen wie deutsche Wörter? Kreuzen Sie die richtige Lösung an.

1. Si les gens ne sont pas contents, ils

☐ a) font une manifestation dans la rue.
☐ b) font une démonstration dans la rue.

2. Un feuilleton, c'est :

☐ a) les pages culturelles de la presse.
☐ b) une histoire à suivre.

3. Tu ne trouves pas la solution ? Tu manques

☐ a) d'imagination.
☐ b) de fantaisie.

4. Si tu as mal à la tête, prends

☐ a) un comprimé.
☐ b) une tablette.

5. Va chez le médecin, il te donnera

☐ a) une recette.
☐ b) une ordonnance.

6. Je veux jouer au tennis, où as-tu mis

☐ a) ma raquette ?
☐ b) ma fusée ?

7. Un cinéaste, c'est

- ☐ a) quelqu'un qui aime aller au cinéma.
- ☐ b) quelqu'un qui fait un film.

8. C'est un bon vendeur : il gagne

- ☐ a) beaucoup de provisions.
- ☐ b) beaucoup de commissions.

9. Apporte les verres sur

- ☐ a) un plateau.
- ☐ b) une tablette.

10. Le parlement a voté

- ☐ a) l'état.
- ☐ b) le budget.

11. Son logement a seulement une pièce :

- ☐ a) c'est un appartement.
- ☐ b) c'est un studio.

12. Tu manges trop.

- ☐ a) Pense à ta figure !
- ☐ b) Pense à ta ligne !

Lösungen

1

1. **B/V**, am Telefon
2. **B/E**, förmlich, z. B. unter Geschäftsleuten oder bei offiziellen Anlässen.
3. **B**, freundschaftlich, Alter spielt keine Rolle.
4. **A**, etwa: *Mach's gut.*
5. **A**, informell, etwa: *Bis demnächst.*
6. **V**
7. **B**, förmlich, wenn man jemandem vorgestellt wird.
8. **A**
9. **E/B**
10. **E/V**, förmlich
11. **A**, familiär, etwa: *Bis irgendwann einmal* oder *Tschüss.*
12. **V**
13. **V**
14. **B**, Achtung: Hierauf sollte nur eine kurze Antwort, z. B. *Très bien, merci,* folgen. Die ungezwungene Variante zur Frage nach dem Befinden wäre *Ça va?*, die Antwort darauf ebenfalls *Ça va.*
15. **E**
16. **A**
17. **V**, z. B. am Empfang einer Firma oder Behörde.
18. **E**
19. **A**
20. **A**, z. B. vor einer Prüfung. Sehr umgangssprachlich für *Viel Glück!* wäre *Merde!* (wörtlich: *Scheiße)* oder *Puissance 13* (wörtlich: *hoch 13).*

Tipp

Zur Begrüßung gehört in Frankreich das Umarmen *(embrasser),* das von (meist) drei Küssen auf die Wange begleitet wird. Aber Achtung: So begrüßen sich nur gute Bekannte oder Verwandte, wobei die Männer in der Regel auf die Küsschen untereinander verzichten. Bei der ersten Begegnung/Vorstellung gibt man sich die Hand *(serrer la main).*
Mit dem Du *(tu)* und Sie *(vous)* verhält es sich ähnlich wie in Deutschland: Unter Erwachsenen siezt man sich, wenn man sich nicht kennt. Freunde und gute Bekannte duzen sich meist.

2

1. une **famille de cinq personnes**
2. une **chambre à deux lits**
3. un **billet d'avion**
4. un **fer à repasser**
5. un **billet de cent euros**
6. un **saucisson à l'ail**
7. une **tarte aux abricots**
8. une **bouteille d'eau**
9. une **poudre à laver**
10. une **station de sports d'hiver**
11. un **stylo à bille**
12. un **sac de voyage**
13. un **four à micro-ondes**
14. une **boîte aux lettres**
15. un **rayon de soleil**
16. des **lunettes de soleil**
17. une **chambre à coucher**
18. des **chaussures de ski**
19. un **verre à vin**
20. une **brosse à dents**

Tipp

Eine feste Regel, wann ein zusammengesetztes Wort mit *à* und wann es mit *de* gebildet wird, gibt es leider nicht.
In manchen Fällen ändert sich je nach Präposition die Bedeutung des Wortes, z. B.: Weinglas – *verre à vin* (Zweck), ein Glas Wein – *verre de vin* (Inhalt).

Ist der zweite Teil des zusammengesetzten Wortes ein Verb, steht in der Mitte meistens *à*, z. B. *poudre à laver, chambre à coucher.*

→ Mehr zusammengesetzte Wörter finden Sie in Übung 7.

3

1. **Au-delà de.** Diesen Satz können Sie auf Schildern in der Pariser Métro lesen.
2. **pendant**
3. **Grâce à**
4. **En raison de**; auch: *à cause de* oder *du fait de*
5. **Au bout de**
6. **En cas de**
7. **Depuis**
8. **il y a**
9. **pour**
10. **sans**
11. **devant**
12. **dès**; auch: *à partir de*
13. **malgré**
14. **au-dessus des**
15. **en**
16. **d'ici**; entspricht dem deutschen *innerhalb von*
17. **à**
18. **sur**

Tipp

Für das deutsche Wort *vor* gibt es im Französischen mehrere Entsprechungen:

- örtlich, z. B.:
  vor dem Kino – devant le cinéma
- zeitlich, vor einem bestimmten Zeitpunkt, z. B.:
  vor ein Uhr – avant une heure
- zeitlich, zu einem Zeitpunkt in der Vergangenheit, z. B.:
  vor einem Monat – il y a un mois

Beachten Sie bei Präpositionen, die mit *à* oder *de* enden, dass sich bei dem nachfolgenden bestimmten Artikel die Form verändert, z. B. *au-dessus de* wird zu *au-dessus des nuages*. Außerdem gilt: *à/de* und *le* wird zu *au* bzw. *du*, *à/de* und *la* wird zu *à la* bzw. *de la*, *à/de* und *les* wird zu *aux* bzw. *des*.

Am besten lernen Sie Verben gleich in Kombination mit der zugehörigen Präposition, z. B. *sich interessieren für – s'intéresser à*.

4

1. **f)**
2. **d)**
3. **g)** Platz, auf dem der Triumphbogen *(l'Arc de Triomphe)* steht. *L'Etoile (Stern)* wird er genannt, weil alle großen Straßen sternförmig auf den Platz zulaufen. Nach dem Tod von Charles de Gaulle wurde er ihm zu Ehren umbenannt.
4. **a)** Bedeutendes Kulturzentrum in der Rue Beaubourg. Es wurde in den 70er Jahren erbaut und nach Präsident Pompidou, dem Projektleiter benannt. Kritiker bezeichnen das Bauwerk wegen seiner Architektur auch als „Raffinerie".
5. **h)**
6. **i)** 1635 gegründetes Institut zur Pflege der französischen Sprache (siehe auch Übung 47)
7. **b)**
8. **e)** Nationalversammlung, bildet zusammen mit dem *Senat (Sénat)* das Parlament.
9. **c)** Die alte Pariser Oper. Eine zweite, moderne Oper gibt es am Place de la Bastille.
10. **m)** Über den *Boul'Mich'* (*Boulevard Saint-Michel*) gelangt man ins alte Universitätsviertel, das sich von Saint-Germain bis zum Panthéon erstreckt.
11. **o)** Hier leben viele Chinesen.
12. **p)** Auch *La Maison de Molière* genannt.
13. **k)** (siehe Tipp)
14. **j)** Finanzministerium
15. **q)**
16. **n)**
17. **l)** Polizeipräsidium

Tipp

Der Stadtteil *La Défense* im Westen von Paris ist eine Art französisches Manhattan. In den modernen Hochhäusern sind Büros, Wohnungen, Einkaufszentren und Ministerien untergebracht. Eines der Gebäude, L'Arche de la Fraternité, ist aufgrund seiner enormen Größe und der bogenförmigen Architektur besonders spektakulär.

5

1. **la mémoire** – *Speicher*
2. **le matériel** – *Hardware*
3. **le videotex** – *Videotext*
4. **le basic** – *Basic* (einfache Programmiersprache)
5. **l'imprimante** (f.) – *Drucker*
6. **le réseau** – *Netz*
7. **la disquette** – *Diskette*
8. **le logiciel** – *Software*
9. **la souris** – *Maus*
10. **numérique** – *digital*

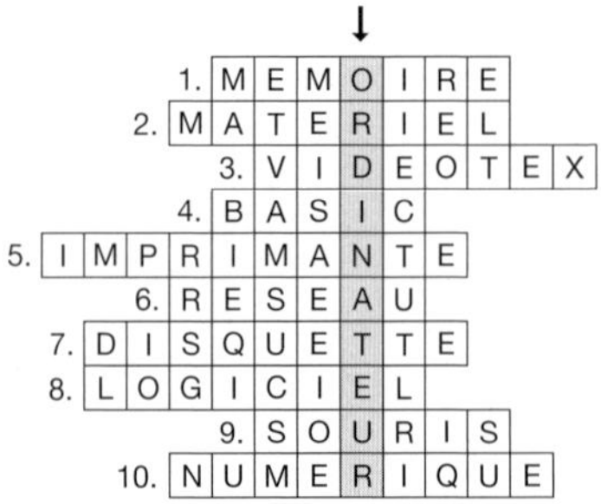

Lösungswort: **ordinateur** – *Computer*

Tipp

Im französischen EDV-Wortschatz haben sich viele französische gegenüber den englischen Begriffen durchgesetzt. Hier einige weitere wichtige Wörter:

la banque de données	*Datenbank*
le clavier	*Tastatur*
le disque dur	*Festplatte*
les données (f.)	*Daten*
l'écran (m.)	*Bildschirm*
le fichier (électronique)	*Datei*
le lecteur de disquette	*Laufwerk*
le listage	*Ausdruck*
le micro-ordinateur	*PC*
le traitement de texte	*Textverarbeitung*

Daten *(données)* kann man erfassen *(saisir)*, verarbeiten *(traiter)* und speichern *(sauvegarder, mettre en mémoire, stocker)*. Beim Speicher unterscheidet man zwischen dem ROM *(la mémoire morte)* und dem RAM *(la mémoire vive)*.

→ Zu englischen Ausdrücken in der französischen Sprache siehe Übung 47.

6

Tiens, salut!
Salut, Vincent!
Ça fait vachement longtemps, dis donc!
Ouais, j'ai bossé dur pour mon exam'! Je l'ai eu!
Chouette! Dis donc, c'est ta copine, cette nana?
Déconne pas, c'est ma frangine!
Elle est casée?
J'crois pas!
J'peux la draguer?
T'as qu'à essayer, tu verras bien!
Ah bon, elle peut m'envoyer sur les roses?
Mon vieux, c'est ton problème!
On va au cinoche ce soir?
D'accord, alors à ce soir.

Tipp

Na, alles klar? Hier einige Hilfen zur Umgangssprache, die übrigens von allen Franzosen und Französinnen verstanden und gesprochen wird:

bosser	*ackern, arbeiten*
chouette	*toll, super*
le cinoche	*Kino*
la copine	*Freundin*
déconne pas *(vulgär)*	*Quatsch, spinn dich aus*
draguer	*anmachen, anbaggern, aufreißen*
Elle est casée?	*Hat sie einen Freund?*
envoyer sur les roses	*einen Korb geben*
la frangine	*Schwester*
la nana	*Mädchen*
vachement	*saumäßig*

Typisch für die Umgangssprache sind auch die folgenden Kurzformen und Aussprachebesonderheiten:

ouais	=	oui
exam'	=	examen
T'as qu'à essayer	=	Tu n'as qu'à essayer (etwa: Versuch's doch)
J'crois	=	Je crois
J'peux	=	Je peux

7

1. un **coupe-papier** – *Brieföffner*
2. un **épluche-légumes** – *Kartoffelschälmesser*
3. un **lave-vaisselle** – *Geschirrspülmaschine*
4. un **pense-bête** – *Notizzettel*
5. un **abat-jour** – *Lampenschirm*
6. un **porte-monnaie** – *Geldbörse*
7. un **amuse-gueule** – *Appetithäppchen*
8. un(e) **perce-neige** – *Schneeglöckchen*
9. un **taille-crayon** – *Bleistiftanspitzer*
10. un **remonte-pente** – *(Ski-)Lift*

Tipp

Warum manche zusammengesetzte Wörter mit Bindestrich und nicht mit *de* oder *à* gebildet werden, dafür gibt es leider keine verbindliche Regel.

Hier noch einige weitere Beispiele für Wörter ohne *à* oder *de:*

un pique-assiette – *Schmarotzer*
un pisse-vinaigre – *Geizhals*
un rabat-joie (oder trouble-fête) – *Spielverderber*

→ Mehr zusammengesetzte Wörter finden Sie in Übung 2.

8

1. **soient**
2. **ait**
3. **prenne**
4. **viennes**
5. **annoncions**
6. **réserviez**
7. **aillent**
8. **partions**
9. **preniez**
10. **dise**
11. **fumiez**
12. **revienne**
13. **remplissiez**
14. **alliez**
15. **sache**

Tipp

Der Subjonctif steht dort, wo etwas Subjektives ausgedrückt werden soll. Dies ist z. B. der Fall, wenn man eine persönliche Meinung oder ein Werturteil ausdrücken möchte *(il est curieux, c'est insupportable, il est indispensable, je trouve normal, je déteste, je ne comprends pas)*. Dazu gehören Ratschläge *(il vaut mieux, il est urgent, il est conseillé, je préfère, il est souhaitable)*. Im nachfolgenden Nebensatz (que-Satz) steht nach solchen Wendungen der Subjonctif. Der Subjonctif steht auch, wenn eine Notwendigkeit ausgedrückt werden soll, z. B. *Il faudrait qu'on sache s'il vient ou non. – Wir müssen/Ich muss wissen, ob er kommt oder nicht.*

➜ Mehr zum Thema „Subjonctif" finden Sie in den Übungen 18 und 28.

9

1. la **pyramide** – *Pyramide.*
   Am Eingang im Innenhof des Louvre in Paris steht seit 1989 eine gläserne Pyramide. Der moderne Bau des amerikanischen Architekten Ieoh Ming Pei war und ist umstritten. Viele meinen, dass er nicht zum klassizistischen Stil des Louvre passe.
2. le marché aux **puces** – *Flohmarkt;* la **puce** électronique – *Mikrochip;* la **puce** – *Floh*
3. la **rose** – *Blume;* **Rose** Kennedy, die Mutter von John F. Kennedy; **rose** – die Farbe *Rosa*
4. la **mer** – *Meer.*

Tipp

Das *Chanson* spielt in Frankreich eine wichtige Rolle. Man sagt: « En France, tout finit par des chansons. » Achtung: Das französische Wort *chansonnier* bedeutet auf Deutsch so viel wie *Kabarettist*. Ein/e Sänger/in von *Chansons* heißt auf Französisch *chanteur/chanteuse*. Viele von ihnen sind auch über die Grenzen Frankreichs hinaus bekannt und berühmt geworden, so z. B. Jacques Brel, Georges Brassens, Léo Ferré, Serge Gainsbourg (alle bereits verstorben), aber auch Juliette Greco, Claude Nougaro, Patrick Bruel, J. J. Goldman und viele andere.

10

1. billet
2. compte
3. sites officiels
4. moteur de recherche
5. liens
6. télécharger
7. correspondant
8. e-mails
9. internaute
10. forums
11. connexion
12. naviguant

Tipp

Wer auf Französisch chattet, benutzt ähnlich wie in der SMS-Sprache (*la SMS* oder *le texto – die SMS*) viele Abkürzungen. Hier eine kleine Auswahl:

A+ oder **@+** für: **à plus tard**	*Bis später!*
slt cav für **Salut, ça va ?**	*Hallo, wie geht's?*
mdr für **mort de rire**	*zum Totlachen*
HT für **acheter**	*kaufen*
und **jt'M** für **Je t'aime.**	*Ich liebe dich.*

11

1. **Bonne journée**
2. **Bon anniversaire**
3. **Bonnes vacances**
4. **Bonne soirée**; Achtung: Nicht zu verwechseln mit *Bonsoir – Guten Abend*. Hier etwa: *Viel Spaß*.
5. **Bon appétit**
6. **Bonne route** – *Gute Fahrt*
7. **Bon courage**
8. **Bon retour**
9. **Bonne année**
10. **Bons baisers**; *baiser – Kuss*
11. **Bonne nuit**
12. **Bonne fête**; zum Namenstag.
13. **Bonne chance**
14. **Bonnes affaires**
15. **Bon voyage**
16. **Bon rétablissement**
17. **Bon Noël**; Auch: *Joyeux Noël*
18. **Bon vent**; Ausdruck aus dem Segelsport, hier im übertragenen Sinn verwendet.
19. **Bon week-end**; Auch: *Bonne fin de semaine!* (siehe auch Übung 47).

Tipp

Wenn Sie jemandem ganz allgemein *Viel Spaß* wünschen wollen, sagen Sie *Amusez-vous bien/Amuse-toi bien.*
Zu Silvester wünschen viele Geschäfte ihren Kunden *Bonnes fêtes de fin d'année!*
Im Französischen kann man auch einen „guten Nachmittag" wünschen: *Bon(ne) après-midi* (kann männlich oder weiblich sein).
Achtung: *Bon* wird in der Form dem nachfolgenden Substantiv angepasst. Es ist also wichtig zu wissen, ob ein Substantiv männlich oder weiblich ist und ob es im Singular oder Plural steht.

12

1. **la bouche** – *Mund; une fine bouche – ein Feinschmecker*
2. **les talons** (männlich) – *Fersen; avoir l'estomac dans les talons – den Magen in den Kniekehlen hängen haben*
3. **l'os** (männlich) – *Knochen; tomber sur un os – Da ist ein Problem/ein Haken dran.*
4. **les dents** (weiblich) – *Zähne; être sur les dents* – hier: *wachsam sein*
5. **le doigt** – *Finger;* **l'œil** (m., pl. yeux) – *Auge; se fourrer le doigt dans l'œil – sich irren;* auch: *sich ins eigene Fleisch schneiden*
6. **les doigts**; *se mordre les doigts – etwas bereuen;* auch: *sehr ungeduldig sein*
7. **le coude** – *Ellenbogen; lever le coude – „einen heben"*
8. **la jambe** – *Bein; faire quelque chose par–dessus la jambe – etwas nachlässig machen, etwas hinpfuschen*
9. **les genoux** (männlich, Singular: genou) – *Knie; être sur les genoux – todmüde sein*
10. **l'œil** – *Auge; à l'œil – umsonst*
11. **le cœur** – *Herz;* **la main** – *Hand; avoir le cœur sur la main – hilfsbereit/großzügig sein*
12. **le bras** – *Arm; le bras droit – die rechte Hand*
13. **les oreilles** (weiblich) – *Ohren; (é)chauffer les oreilles de qn. – jemandem auf den Wecker fallen*
14. **le pied** – *Fuß; se lever du pied gauche – mit dem linken Bein zuerst aufstehen, schlecht gelaunt sein*
15. **le nez** – *Nase; Ça te (vous) pend au nez. – Das steht dir (Ihnen) bevor.*
16. **les pieds** – *Füße. Ça lui fait les pieds. – Daraus wird er lernen/Das wird ihm Beine machen.*
17. **la cuisse** – *Oberschenkel; se croire sorti de la cuisse de Jupiter – sich für ein Genie halten*

13

1. **quittera, rendra, seront**
2. **fera, annoncera, verront**
3. **serez, foncerez, aurez**
4. **pousseront, sera, faudra**
5. **se concrétiseront, pourrez**
6. **ira, écouteront, aidera**
7. **construirez, aura, sera, voudrez**
8. **aurez, soutiendront**
9. **mettrez, devrez**
10. **viendront, pourra**
11. **deviendront, accumulerez**
12. **vivrez, maintiendrez**

Tipp

Bei (regelmäßigen) Verben, die auf *-er* oder *-ir* enden, setzt sich das Futur aus der Grundform (Infinitiv) und der Futurendung *(-ai, -as, -a , -ons, -ez, -ont)* zusammen, z. B.

je chanter**ai**	nous chanter**ons**
tu chanter**as**	vous chanter**ez**
il/elle chanter**a**	ils/elles chanter**ont**

Bei unregelmäßigen Verben sollte man den Stamm am besten gleich mitlernen, da er sich nicht ableiten lässt, z. B. *avoir = j'aurai, être = je serai, aller = j'irai, pouvoir = je pourrai, vouloir = je voudrai, venir = je viendrai* etc.

14

1. **Falsch**. Kein religiöser Feiertag.
2. **Richtig**
3. **Falsch**. Karneval wird kaum gefeiert. Nur wenige Städte wie Nizza und Dünkirchen haben bekannte Karnevalszüge.
4. **Richtig**. Karfreitag ist allerdings kein Feiertag.
5. **Richtig**. An jeder Straßenecke werden zum Tag der Arbeit Maiglöckchen verkauft.
6. **Falsch**. Der Tag der Arbeit ist ein arbeitsfreier Tag. In größeren Städten finden Demonstrationen statt. Auf der Straße werden Maiglöckchen verkauft (siehe 5).
7. **Falsch**. Himmelfahrt und Vatertag werden nicht am gleichen Tag in Frankreich gefeiert.
8. **Richtig**
9. **Richtig**. Himmelfahrt und Pfingsten.
10. **Falsch**. Der Nationalfeiertag ist am 14. Juli. Dabei wird die *Prise (Eroberung) de la Bastille* als der Anfang der französischen Revolution gefeiert.
11. **Richtig**. In ganz Frankreich wird Mariä Himmelfahrt gefeiert.
12. **Richtig**
13. **Richtig**
14. **Richtig**. Nur der 25. Dezember ist ein Feiertag.
15. **Falsch**. Wird meist mit Freunden (weniger mit der Familie) gefeiert.
16. **Richtig**

Tipp

Mardi Gras, wörtlich *fetter Dienstag,* wird übrigens auch in den Südstaaten der USA gefeiert. Durch französische Einwanderer wurde dieser Brauch über Quebec und Louisiana dort etabliert und ist auch unter diesem Namen bekannt. Besonders berühmt ist der *Mardi Gras* von New Orleans.

15

1. **appellation d'origine contrôlée**; als Gütesiegel auf Weinflaschen zu finden.
2. **société nationale des chemins de fer français**; die französische Eisenbahn.
3. **curriculum vitae**; der *Lebenslauf* bei einer Bewerbung.
4. **vin délimité de qualité supérieure**; Gütezeichen für Wein.
5. **syndrome immuno-déficitaire acquis**; erworbene Immunschwächekrankheit AIDS.
6. **président-directeur général** – *Generaldirektor* einer Firma bzw. Vorstandsvorsitzender einer Aktiengesellschaft.
7. **taxe à la valeur ajoutée** – *Mehrwertsteuer*
8. **société anonyme à responsabilité limitée**; entspricht der deutschen *GmbH*.
9. **produit national brut** – *Bruttosozialprodukt*
10. **courrier d'entreprise à distribution exceptionnelle** – *Verteilerpostamt* (für Geschäftspost)
11. **train à grande vitesse**; französisches Vorbild für den ICE (Intercity-Express).
12. **Provence, Alpes, Côtes d'Azur**; zusammengefasstes Department in Südfrankreich.
13. **vélo tous-terrains** – *Mountainbike*
14. **société anonyme**; entspricht der deutschen *Aktiengesellschaft*.
15. **bon chic, bon genre** – *anständig, wohlerzogen*.

Tipp

Der Stil B.C.B.G. beschreibt die wohlhabende Bourgeoisie aus den westlichen Arrondissements (insbesondere 16.) von Paris bzw. den westlichen Vororten, z. B. Neuilly.

16

1 c) **2. d)** **3. b)** **4. a)**

Tipp

In Geschäftsbriefen lautet die Anrede in der Regel einfach *Monsieur* oder *Madame*. Der Name wird nur verwendet, wenn man die Person schon *sehr* gut kennt.
Ist der Beruf oder die Position bekannt, sollten diese unbedingt aufgeführt werden, z. B. *Monsieur le Directeur* beim Leiter einer Firma, *Maître* für einen Notar oder *Docteur* für einen Arzt.

Bei der Schlussformel gibt es verschiedene Möglichkeiten. Sie muss immer die Anrede noch einmal enthalten.

So könnte die Schlussformel z. B. lauten:

- Nous vous prions d'agréer, (Anrede), l'expression de nos sentiments distingués.
- Veuillez agréer, (Anrede), l'expression de nos sentiments distingués.
- Veuillez agréer, (Anrede), l'expression de nos sentiments distingués.

Bei privaten Briefen kann man am Schluss z. B. schreiben:

- Bien amicalement
- Bien affectueusement
- Gros bisou(s)
- Bon baisers
- Je t'embrasse/Nous vous embrassons

17

1. **l)** Fischsuppe
2. **b)** Sauerkraut
3. **e)** Besteht aus weißen Bohnen, Wurst, Tomaten und Gänseschmalz.
4. **d)** Traditionell werden sie mit Butter, Zucker, Konfitüre oder mit einem Ei serviert.
5. **n)** Apfelschnaps, wird als Verdauungstrunk *(digestif)* gereicht.
6. **h)** Innereien mit Karotten und viel Pfeffer
7. **p)** Besteht aus Mandeln, Haselnüssen und Zucker.
8. **q)** Die Bresse ist für die Geflügelzucht bekannt.
9. **d)** Austern, die meisten kommen aus Cancale und dem Atlantik.
10. **b)** Flammkuchen. Dünner Boden mit Zwiebeln, Speck (und Creme Fraîche), wird im Ofen gebacken.
11. **a)** Senf
12. **m)** (siehe Tipp)
13. **c)** Hier: Käsefondue. *Fleischfondue* wäre *fondue bourguignonne.*
14. **f)** Berühmter Wein aus der Gegend um Bordeaux.
15. **k)** In Rotweinsoße mit Karotten geschmortes Rindfleisch.
16. **i)** Trüffeln
17. **i)** Gänse- und Entenleberpastete. Wird aber auch im Elsass hergestellt.
18. **s)** Besonders die Stadt Saint Jean-de-Luz ist für den Thunfischfang bekannt.
19. **j)** Melone. Achtung: die Wassermelone heißt *la pastèque.*
20. **r)** Nach der Stadt benannt, in der er hergestellt wird.
21. **o)** Am nördlichsten Teil des Zentralmassivs gibt es angeblich das beste Rindfleisch.
22. **g)** Gemischter Salat mit grünen Bohnen, Anchovis, Tomaten.

Tipp

Haben Sie keine Hemmungen nachzufragen, wenn Sie auf der Speisekarte etwas nicht verstehen, z. B. *Qu'est-ce que c'est, le gigot de pré-salé?* Hinter diesem Namen verbirgt sich eine Lammkeule *(pré-salé – salzige Wiese)*. Das Gericht stammt aus der Normandie. Es heißt, dass die Schafe dank der salzigen Wiesen am Fuße des Mont-Saint-Michel bereits „vorgesalzen“ werden.

→ Mehr zum Thema „Essen“ finden Sie in den Übungen 19, 20, 27, 32.

18

1. puissiez
2. réussisses
3. deviez
4. n'ait pas gagné
5. sachent
6. soit
7. rentriez
8. n'aient pas encore téléphoné
9. mette
10. veuillent
11. ait
12. plaise
13. téléphoniez
14. fassent
15. veniez
16. fasses
17. doive

Tipp

Was ist subjektiver als Gefühle? In den obigen Sätzen werden Wünsche und Gefühle ausgedrückt. Schlüsselwörter für den Gebrauch des Subjonctif sind hier z. B. *triste, déçu, content, soulagé, ça m'agace, j'ai hâte, exiger, approuver* etc.

Verben im Subjonctif enden auf *-e, -es, -e, -ions, -iez, -ent*. Hier sind leicht Verwechslungen mit dem Präsens *(-e, -es, -e, -ent)* und dem Imperfekt *(-ions, -iez)* möglich.
Der Verbstamm muss allerdings bei unregelmäßigen Verben mitgelernt werden, da er sich nicht aus der Grundform ableiten lässt, z. B. *pouvoir – vous puissiez, savoir – ils sachent, être – il soit* usw.

→ Mehr zum Thema „Subjonctif" finden Sie in den Übungen 8 und 28.

19

1. **Alle Antworten richtig.**
2. **a)** und **c)** jeweils vor dem Essen.
3. **b)**
4. **c)**
5. **c)**
6. **b)**
7. **b)**
8. **a)**
9. **c)**

Tipp

Der Apéritif ist in Frankreich nicht nur einfach ein Getränk, sondern eine Form des geselligen Beisammenseins mit einer wichtigen sozialen Funktion (etwa wie das nachmittägliche Kaffeetrinken in Deutschland oder der Fünf-Uhr-Tee in England). Typische Getränke zum Apéritif sind die sogenannten *vins cuits* wie Martini oder Cinzano, Kir, anishaltige Getränke und Whisky. Cognac und Calvados werden dagegen nicht angeboten, sie sind typische Verdauungsschnäpse *(digestifs)*. Zum Essen wird höchstens etwas Salzgebäck gereicht. Viele Apéritifs werden im Roussillon hergestellt.

→ Mehr zum Thema „Essen" finden Sie in den Übungen 17, 20, 27, 32.

20

16 – 19 – 6 – 11 – 20 – 12 – 7 – 4 – 3 – 10 – 17 – 14 – 5 – 1 – 8 – 15 – 18 – 9 – 2 – 13

Tipp

Meistens werden Sie gleich zu Anfang gefragt, ob Sie einen Apéritif möchten: *Vous désirez un apéritif?* Alle anderen Getränke werden jedoch erst zusammen mit den Speisen bestellt.
Ein Essen in Frankreich besteht in der Regel aus drei Gängen: Vorspeise, Hauptgericht und Dessert. Es kann aber auch kleinere Zwischengänge geben.
Man kann ein fertig zusammengestelltes Menü essen – meist gibt es für jeden Gang zwei bis vier Gerichte zur Auswahl – oder *à la carte* bestellen (dies ist meist teurer), d. h. sich aus der Karte eine Menüfolge zusammenstellen.

Übrigens ist es in einem guten Restaurant nicht üblich, nur eine Suppe oder eine Vorspeise zu bestellen.
Achtung: Rindfleisch wird in Frankreich *saignant* (wörtlich: *blutig*) bevorzugt. Wollen Sie es etwas besser durchgebraten, dann bestellen Sie *à point*.

➜ Mehr zum Thema „Essen“ finden Sie in den Übungen 17, 19, 27, 32.

21

8 – 18 – 5 – 12 – 19 – 4 – 11 – 16 – 15 – 9 – 7 – 20 – 13 – 2 – 14 – 1 – 6 – 10 – 3 – 17

Tipp

Wenn Sie nichts Bestimmtes suchen, sondern „nur mal gucken“ möchten, sagen Sie: *J'aimerais regarder* oder *Est-ce que je peux jeter un coup d'œil?* In einem Kaufhaus findet man nicht immer gleich das, was man sucht. Fragen Sie nach: *Où (est-ce que) se trouve le rayon femmes, s'il vous plaît? – Wo ist bitte die Damenabteilung?* Oder: *Où est-ce que je peux trouver les cabines d'essayage?*

➜ Mehr zum Thema Kleidung finden Sie in Übung 22.

22

Z	A	P	R	O	W	D	K	D	C	I	L	E	V
S	N	U	A	N	O	R	A	K	L	M	E	C	A
Q	V	E	B	L	U	A	V	F	Z	P	K	J	E
H	E	U	L	B	E	O	R	O	B	E	D	U	U
T	S	M	R	E	F	A	T	U	B	R	C	P	A
F	T	O	P	A	N	T	A	L	O	N	H	E	C
U	E	C	N	H	S	E	D	A	T	L	A	N	O
D	K	H	E	U	R	I	L	R	T	P	U	L	L
C	H	E	M	I	S	E	D	D	E	N	S	Q	L
S	X	M	T	X	L	O	N	H	S	T	S	O	A
V	I	I	A	S	R	Q	F	G	P	G	E	I	N
I	E	S	H	B	O	N	N	E	T	B	T	T	T
T	A	I	L	L	E	U	R	I	L	L	T	S	H
M	J	E	H	C	E	I	N	T	U	R	E	P	F
A	S	R	Q	F	G	P	G	A	N	T	S	R	A

Tipp

Wussten Sie schon, dass das Wort *anorak* aus der Sprache der Eskimos kommt und ursprünglich die Kajakjacke bezeichnete? Das Wort *pull* ist eine Abkürzung für *pullover* und stammt aus dem Amerikanischen. *Imper* ist die Kurzform für *imperméable* (wörtlich: *undurchlässig*) und bedeutet *Regenmantel*.

Vorsicht: das französische Wort *veste* bedeutet *Jacke*; die Weste heißt *gilet*.

Hier einige weitere Kleidungsstücke:

le short	*Shorts, kurze Hosen*
le bermuda	*Bermudashorts*
le survêtement	*Trainingsanzug*
le jogging	*Jogginganzug*
le maillot de bain	*Badehose, Badeanzug*
le tee-shirt	*T-Shirt*
la robe du soir	*Abendkleid*
le smoking	*Smoking*
la cravate	*Krawatte*
le nœud pap(illon)	*Fliege*
le costume	*der Anzug*

➜ Übung 21 beschäftigt sich mit Kleidereinkauf.

23

1. Moi, mon père, il a une voiture rouge!
2. Ce que vous oubliez, c'est que mon frère a déjà vendu sa voiture!
3. Le laisser tout seul pendant les vacances, ça, Laurent ne l'acceptera jamais!
4. Ce qui est surprenant, c'est que les gens dépensent toujours autant!
5. Peut-être qu'il faudrait être plus compréhensif envers eux! (Wenn man den Satz mit *peut-être* beginnt, muss der Satz mit *que* fortgesetzt werden oder die Reihenfolge Subjekt – Verb umgestellt werden (sogenannte Inversion), also z. B. *Peut-être faudrait-il…*)
6. Moi, ce que je crois, c'est que ça ne peut pas continuer comme ça!
7. Le problème, c'est que la banque ferme dans une demiheure!
8. Peut-être que dans quelque temps, ce ne sera plus un sujet de débat!
9. Son ordinateur, c'est tout ce qui l'intéresse!

10. Ce que je ne savais pas, c'est qu'ils ont acheté leur appartement.
11. La vaisselle, tu l'as faite?
12. Du pain, t'as pensé à en acheter, j'espère!
13. Le vin blanc, ça se boit frais!
14. Ça, c'est un programme qui aurait du sens.

Tipp

Die Sätze in dieser Übung sind typisch für gesprochenes Französisch. Schriftlich würde es z. B. bei Satz 1 heißen: *Mon père a une voiture rouge*.

Auffällig ist die Satzstruktur, insbesondere:
- die Wiederholung des Subjekts durch Hinzufügung des Pronomens, z. B. Satz 1 (*mon père, il a...*)
- Voranstellung des Objekts, z. B. Satz 15
- Konstruktionen mit *c'est que*

Zweck dieser Konstruktionen ist die Hervorhebung von Informationen, die dem/der Sprecher/in wichtig erscheinen. Die Sprache wird lebendiger, die Emotionen werden betont.

24

1. **la flûte** – *Flöte.* Eine besondere Glasform, das Musikinstrument und eine Baguetteart.
2. **l'opération** (f.) – *Rechenarten (addition, soustraction, multiplication et division)*, *Operation* (in der Medizin), *Geldgeschäfte*
3. **la thèse** – *These, Dissertation (la thèse de doctorat), Behauptung.*
4. **gagner**; *gagner sa vie – seinen Lebensunterhalt verdienen, gagner – gewinnen*
5. **obtenir** – *erhalten*
6. **tromper** (Grundform). *Il s'est trompé de chemin. – Er hat sich verlaufen/verfahren. Il s'est trompé dans ses calculs. – Er hat sich verrechnet/vertan. Vous ne vous êtes pas trompé dans l'addition? – Haben Sie sich (vielleicht) verrechnet?*

Tipp

In jeder Sprache kommt es vor, dass ein Wort mehrere Bedeutungen haben kann. Meistens kann man aus dem Zusammenhang erschließen, welche Bedeutung gemeint ist. Ein weiteres Beispiel für ein mehrdeutiges Wort ist *cher:*

mon cher ami – *mein lieber Freund*
Ça côute cher. – *Das ist teuer.*

25

1. **le 20 mai 1799**
2. **en**
3. **tôt**
4. **dès**
5. **plus tard**
6. **Après**
7. **en**
8. **A partir de**
9. **Durant la période**
10. **tard**
11. **Enfin**
12. **l'année**
13. **A**
14. **le 19 août 1850.**

Tipp

Mit den im Text erwähnten *salons* sind die sogenannten *salons littéraires* des 18. und 19. Jahrhunderts gemeint. Hier trafen sich Literaten und an Literatur Interessierte. Neben Lesungen fanden außerdem Diskussionen über Politik, Religion, Wissenschaft usw. statt.

Balzac zählt zu den Realisten seiner Zeit. Einige seiner Romane wurden erfolgreich verfilmt, so unter anderem „Le Colonel Chabert“. Weitere berühmte Schriftsteller dieser Zeit waren Flaubert, Maupassant, Stendhal und Zola.

26

1 **billet**	6 **savoir**	11 **obligatoire**
2 **composté**	7 **accord**	12 **obligé**
3 **monter**	8 **réservation**	13 **amende**
4 **pris**	9 **place**	14 **possible**
5 **Désolé**	10 **libre**	15 **fair une réclamation**

Tipp

Wenn Sie am Schalter eine Fahrkarte für eine einfache (Hin-)Fahrt lösen wollen, sagen Sie: *Un aller (simple), s'il vous plaît*. Eine Rückfahrkarte heißt *un aller-retour*.
Allerdings werden jetzt mehr und mehr Schalter durch Fahrkartenautomaten ersetzt, an denen Sie auch mit Kreditkarte bezahlen können.
Im *TGV (train à grande vitesse)* – einem mit dem deutschen ICE (Intercity-Express) vergleichbaren Zug – ist eine Platzreservierung vorgeschrieben.

27

Entrée froide: **la salade de tomates, la terrine du chef, la frisée aux lardons, l'assiette anglaise, le plateau de fruits de mer**

Entrée chaude: **la truite au bleu, la tarte aux épinards, les filets de sole normande, la quiche lorraine, la bouchée à la reine, la coquille Saint-Jacques gratinée.**
Allerdings können auch die *entrées chaudes* als Hauptgericht serviert werden, vor allem als Abendessen.

Plat principal: **la lotte provençale, le coq au vin, le steak au poivre,**
le poulet rôti

Dessert: **le plateau de fromages, la mousse au chocolat, la crème caramel, la tarte Tatin**

Tipp

Manche Speisen haben Fantasienamen. Um keine unangenehme Überraschung zu erleben, fragen Sie im Zweifel lieber nach, um was es sich handelt.
Hinter dem *assiette anglaise* verbirgt sich z. B. eine kalte Platte mit Aufschnitt, Käse, Brot und Butter. Die *tarte Tatin* ist eine Art gestürzter Apfelkuchen, benannt nach der Erfinderin des Rezepts.

Die typischen Essenszeiten in Frankreich sind mittags von 11.30 bis 14.00 Uhr und abends von 18.30 bis 21.00 Uhr (man beginnt mit dem Abendessen eher später als in Deutschland).
Wenn man einmal nur eine Kleinigkeit oder außerhalb der typischen Essenszeiten etwas zu sich nehmen möchte, kann man z. B. in die *Croissanterie, Briocherie, Sandwicherie, Crêperie* gehen.

Es ist allgemein üblich, im Restaurant ein Trinkgeld zu geben. Möglicherweise finden Sie auf der Speisekarte die Abkürzung S.N.C. (*service non compris*). Hier muss auf alle Fälle ein Trinkgeld gegeben werden. Ansonsten heißt es *service compris*, d.h. es liegt in Ihrem Ermessen.

→ Mehr zum Thema „Essen" finden Sie in den Übungen 17, 19, 20, 32.

28

1. **Richtig**.
2. **Falsch**, richtig ist: *de peur que le chien s'en aille* (Subjonctif)
3. **Richtig**.
4. **Falsch**, richtig ist: *sans que le conférencier les entende* (Subjonctif)
5. **Richtig**.
6. **Richtig**.
7. **Falsch**, richtig ist: *en attendant que le rôti soit prêt* (Subjonctif)
8. **Falsch**, richtig ist: *S'il s'entraînait mieux* (Imparfait, nicht Conditionel)
9. **Richtig**.
10. **Richtig**.

11. **Falsch**, richtig ist: *la plus belle ville que nous ayons visitée* (Subjonctif)
12. **Falsch**, richtig ist: *Tant que les enfants sont petits* (Indicatif)
13. **Richtig.**
14. **Richtig.**
15. **Falsch**, richtig ist: *après que leur premier enfant est venu au monde* (Indicatif)
16. **Richtig.**
17. **Falsch**, richtig ist: *à moins qu'il fasse très beau* (Subjonctif)
18. **Falsch**, richtig ist: *avait su*

Tipp

Der Subjonctif steht nach den Wendungen *de peur que, à condition que, sans que, avant que, en attendant que, bien que* und *à moins que*.
Aber: Nach *après que* steht immer der Indicatif.

In Satz 10 und Satz 16 handelt es sich um den Subjonctif, der jedoch genau wie der Indicatif aussieht. In Satz 11 erklärt sich der Subjonctif aus dem Zusammenhang: Das ist die schönste Stadt, die wir (bis heute) besucht haben. Es ist aber nicht ausgeschlossen, dass wir irgendwann eine noch schönere besuchen werden.

→ Mehr zum Thema „Subjonctif" finden Sie in den Übungen 8 und 18.

29

1. **o)** Der Prophet zählt nichts im eigenen Land.
2. **h)** etwa: Das ist leichter gesagt als getan.
3. **s)** Übung macht den Meister.
4. **k)** Geld stinkt nicht.
5. **p)** Kein Rauch ohne Feuer. (An dem Gerücht wird wohl etwas dran sein.)
6. **q)** Sinn: Unter bestimmten Bedingungen (si = wenn) ist alles möglich.
7. **a)** Gebranntes Kind scheut das Feuer.
8. **f)** etwa: Rache ist süß.

9. **t)** Sinn: Wer ans Ziel gelangen will, dem sind alle Mittel recht. Dem deutschen „der Zweck heiligt die Mittel" entspricht im Französischen *« la fin justifie les moyens »*.
10. **r)** Es ist nicht alles Gold, was glänzt.
11. **b)** Vorsicht ist die Mutter der Porzellankiste.
12. **n)** Wer wagt, gewinnt.
13. **c)** Gut Ding will Weile haben. Ähnlich wie 19.
14. **i)** Wie der Vater, so der Sohn, oder: Der Apfel fällt nicht weit vom Stamm.
15. **l)** Wenn Jugend wüsste und Alter könnte!
16. **j)** Auf Regen folgt Sonnenschein.
17. **d)** Besser ein Spatz in der Hand als eine Taube auf dem Dach.
18. **m)** Das ist nicht die Mühe wert.
19. **e)** Rom wurde auch nicht an einem Tag erbaut.
20. **g)** Wo gehobelt wird, fallen Späne.

Tipp

Sprichwörter lassen sich nicht immer wörtlich übersetzen. Häufig werden andere Bilder verwendet, so z. B. in Satz 7: Im Französischen scheut „die verbrühte Katze das kalte Wasser", im Deutschen fürchtet „das verbrannte Kind das Feuer". In Satz 19 wird „Paris" im Französischen zu „Rom" im Deutschen. Im Deutschen kann man nicht hobeln, ohne dass Späne anfallen, während in Frankreich kein Omelette zubereitet werden kann, ohne dass Eier aufgeschlagen werden (Satz 20).

30

a) **Mme Simon**
b) **Mme Favier**

Nom	**Etage**	**Problème de santé**
Mme Darmont	**4**	**la migraine**
M. Dubois	**3**	**de la fièvre**
Mme Favier	**1**	**un coup de soleil**
M. Granger	**5**	**brûlée par une méduse**
M. Le Goff	**2**	**s'est cassé la jambe**
Mme Simon	**r. c.**	**intoxication alimentaire**

Tipp

Diese Krankheiten kennen Sie aus der Übung:

la migraine	*Migräne*
le coup de soleil	*Sonnenbrand*
se casser la jambe	*sich das Bein brechen*
la fièvre	*Fieber*
être brûlé par une méduse	*von einer Qualle verbrannt werden*

Wenn Sie Schmerzen haben, sagen Sie:

J'ai mal...	*Ich habe ...*
à la tête	*Kopfschmerzen*
aux dents	*Zahnschmerzen*
au ventre	*Bauchschmerzen*
au dos	*Rückenschmerzen*

In einem Notfall können Sie in Frankreich den medizinischen Notdienst *(le S.A.M.U. – Service d'Aide Médicale d'Urgence)* anrufen.

31

1 – 9 – 6 – 13 – 3 – 2 – 7 – 12 – 5 – 11 – 10 – 8 – 4

Tipp

Sicher kommen Sie einmal in die Situation, dass Sie nach dem Weg fragen müssen: *Pardon Madame (Monsieur), pour aller à la gare, s'il vous plaît?* oder *Comment est-ce que je peux aller à la cathédrale?* Sie können auch einfach fragen: *Où est la poste, s'il vous plaît?*

Hier noch einige wichtige Wendungen, die Sie benutzen können, wenn Sie jemandem den Weg beschreiben möchten:

prendre à gauche	*links (runter)gehen*
tourner	*abbiegen*
à droite	*rechts*
à gauche	*links*
continuer tout droit	*weiter geradeaus gehen/fahren*
passer devant	*vorbeigehen an*
un feu	*Ampel*
traverser	*überqueren*
laisser qc. sur sa gauche	*etwas links liegen lassen*
jusqu'à	*bis*

32

1. **Epluchez**
2. **Egrenez**
3. **coupez**
4. **Gardez**
5. **Faites**
6. **réservez**
7. **Faites**
8. **jetez**
9. **oubliez**
10. **faites**
11. **Passez**
12. **incorporez**
13. **Remettez**
14. **Versez**
15. **ajoutez**
16. **mélangez**
17. **décorez**

Tipp

Ist es Ihnen aufgefallen? Die eingesetzten Verben in diesem Rezept stehen alle in der Befehlsform.
Für das deutsche Wort *kochen* gibt es im Französischen, je nach Zusammenhang, verschiedene Entsprechungen, z. B.:

- faire la cuisine
  Je n'ai pas envie de faire la cuisine aujourd'hui. – Ich habe heute keine Lust zu kochen.
- bouillir
  L'eau bout. – Das Wasser kocht.
- cuir
  bien cuit – gar

Aber aufgepasst! *Kaffee kochen* heißt *faire du café.*

→ Mehr zum Thema „Essen“ finden Sie in den Übungen 17, 19, 20, 27.

33

voyager: **en** train, **en** avion, **en** voiture, **à** bicyclette. Immer ohne Artikel! Das Verkehrswesen benutzt auch *par avion, par bateau*.

revenir/
rentrer: **de** Brest, **des** Etats-Unis, **de** La Rochelle, **d'**Alsace, **du** Sud de la France

aller: **à** Montpellier, **au** Liban, **en** Bretagne, **dans** le Périgord, **dans** les Alpes, **au bord de** la mer, **à** la poste, **à** l'école, **au** lycée, **à** l'opéra, **au** cinéma, **chez** le boulanger, **chez** ses beauxparents.

passer: **par** Reims, **par** la Lorraine, **par** la vallée de la Loire

Tipp

On y va? heißt so viel wie *Gehen wir? Va* kommt von *aller*, was nicht nur *gehen*, sondern auch *fahren* bedeuten kann. Wenn Sie ausdrücken möchten, dass Sie irgendwo hinfahren, dann gilt in der Regel:

- *à* vor Städtenamen
- *en* vor weiblichen Ländernamen
- *au* vor männlichen Ländernamen
- *chez* vor Personennamen
- *dans* vor Gebirgs- und Départementnamen

Bei Städtenamen, die einen Artikel enthalten, heißt es z. B. *aller au Havre/à La Rochelle/au Mans*.

Wenn Sie irgendwo nur *durchfahren (traverser)*, dann brauchen Sie keine Präposition mehr, sie ist im Verb bereits enthalten, z. B. *traverser Orléans, les Vosges* usw.

34

Patrick würde wahrscheinlich in das Centre équestre (4) gehen und vielleicht einmal das SPECTACLE SON ET LUMIÈRE (5) besuchen.

1. ist eher etwas für Familien mit jüngeren Kindern (Ponyreiten).
2. ist nicht sein Musikgeschmack.
3. Eine Bootsfahrt interessiert Patrick weniger.

Tipp

In vielen Schlössern findet für Besucher/innen an manchen Abenden ein sogenanntes *spectacle son et lumière* statt. Mit Licht- und Klangeffekten werden die Besucher/innen im Schlosspark durch verschiedene Jahrhunderte begleitet. Schauspieler/-innen in historischen Kostümen führen kleine Theaterszenen auf. Da diese Vorführungen unter freiem Himmel stattfinden, werden sie in der Regel nur im Sommer angeboten.

35

1. k) Er ist ein kräftiger Kerl.
2. e) Alles in Butter. / Es geht gut.
3. m) Das ist (vielleicht) eine Plackerei.
4. f) Das ist saumäßig teuer.
5. b) Pech (gehabt).
6. d) Super, deine Hose.
7. j) Wo sind meine Latschen?
8. c) Wo wohnst Du?
9. h) Wollen wir was „nagen“?
10. l) Tschüss! Ich haue ab!
11. n) Wollen wir was trinken gehen / einen heben?
12. g) Ich bin groggy / fix und fertig.
13. a) Das ist zum Kotzen.
14. p) Das ist spaßig.
15. i) Ruf mich mal an!
16. o) Das ist mir Wurst. / Ich pfeife drauf.

Tipp

In einigen Pariser Vierteln und Vororten gibt es einen Slang, den sogar viele Franzosen und Französinnen nicht mehr verstehen. Er zeichnet sich dadurch aus, dass die Silben vertauscht werden. So sagt man z. B. statt *l'envers* (*Kehrseite, Gegenteil)* das Wort *verlan*.

36

10 - 7 - 5 - 9 - 2 - 6 - 3 - 1 - 8 - 4

Tipp

Je nach Geldbeutel gibt es verschiedene Arten der Übernachtung. Qualität und Preisklasse der Hotels können an der von der Tourismusbehörde verliehenen Anzahl der Sterne erkannt werden:

*	hôtel simple
**	bon confort
***	grand confort
****	très grand confort
LUXE	grande classe, palace

Übernachtungen werden außerdem auf dem Bauernhof *(à la ferme)*, in Gasthäusern *(à l'auberge,* f.) oder auch in manchen Schlössern *(au château)* angeboten.

37

1. **Falsch**. *Le Prix de l'Arc de Triomphe* ist ein Pferderennen.
2. **Richtig**. *Traverser à la rame – mit dem Ruderboot überqueren*
3. **Richtig.**
4. **Falsch**. *Le Tournoi des Cinq Nations* ist übrigens ein Rugby-Turnier.
5. **Falsch**. Aufgrund seiner geografischen Lage bietet sich Frankreich für Wassersport geradezu an.
6. **Falsch**. Es handelt sich hierbei um ein Autorennen.
7. **Falsch**. Nicht 2. sondern 1. Liga.
8. **Richtig**.
9. **Falsch**. *Le Tour de France* ist das wohl berühmteste Radrennen der Welt.
10. **Richtig**. Florence Arthaud. *le voilier – Segelboot*
11. **Falsch**. Es handelt sich hier um einen in Paris stattfindenden Eiskunstlauf-Wettbewerb.
12. **Falsch**. Er war Flieger.
13. **Richtig**. Aber nicht nur LKW, sondern auch PKW und Motorräder treten hier an.
14. **Richtig**.
15. **Richtig**. (siehe Tipp)
16. **Falsch**. Nicht Tischtennis, sondern Tennis.
17. **Richtig**. *la course de moto – Motorradrennen*
18. **Falsch**. Er ist ein Tennisspieler.

Tipp

Vor allem ältere Leute spielen in Südfrankreich mit Vorliebe *pétanque*. Bei diesem Spiel, das auf einem möglichst ebenen Sandplatz gespielt wird, geht es darum, eine Metallkugel so nahe wie möglich an eine zuvor geworfene kleinere Holzkugel heranzurollen. Es gibt übrigens 7.772 Pétanque-Klubs in Frankreich!

Jouer (spielen) steht im Französischen mit der Präposition *à* bei Sportarten und Gesellschaftsspielen, z. B. *jouer à la pétanque/ au tennis/au football/aux cartes.* Bei Musikinstrumenten steht allerdings die Präposition *de*, also z. B. *jouer du piano/de la guitare.*

Hier noch einige anderen Sportarten:

faire de la voile	*segeln (im Segelboot)*
faire du vol à voile	*segelfliegen*
faire de la bicyclette	*radfahren*
faire du ski	*skifahren*
la danse sur glace	*Eistanz*
faire du surf	*surfen, wellenreiten*
faire de la planche à voile	*windsurfen*
le véliplanchiste	*Windsurfer*

Übrigens: In Frankreich gibt es sogar eine Tageszeitung, die nur über Sport berichtet. Sie heißt *L'Equipe.*

38

1. **Falsch**
2. **Richtig**
3. **Falsch**
4. **Falsch**
5. **Falsch**
6. **Falsch**
7. **Richtig**
8. **Richtig**
9. **Richtig**
10. **Falsch**

Tipp

15 000 Besucher/innen kommen täglich in diesen Park, bei dessen Gebäuden alte und moderne Architekturstile miteinander verbunden wurden. Am Eingang des Zentrums steht die Statue einer Kuh. Sie soll daran erinnern, dass sich an dieser Stelle früher der ehemalige Pariser Schlachthof befand, der auch *La Villette* hieß.

Auch *La Grande Halle* erinnert in ihrem Baustil an die Vergangenheit von *La Villette*. In der *Grande Halle* finden Unterhaltungsshows, kleine Messen und Konzerte statt.
La Villette ist übrigens vom Pariser Zentrum sehr gut mit der Métro oder auch über Kanäle erreichbar.

39

1. b) a) ist nach der normativen Grammatik korrekt, ist aber nicht gebräuchlich. Die Infinitivkonstruktion wird verwendet, weil *on* Subjekt in beiden Satzteilen ist.
2. b) a) Hier wäre: *Je n'ai pas compris. Qu'est ce qu'il a dit ?* korrekt. Um eine indirekte Rede zu verwenden, muss man *Qu'est -ce que* in *ce que* verwandeln.
3. a) Beim Vergleichen wird *que* verwendet.
4. b) Vor einer Stunde heißt *il y a une heure.* (Zeitpunkt in der Vergangenheit)
5. b) *En ce moment = maintenant. Au moment où* wird als Konjunktion verwendet – *zu dem Zeitpunkt als.*
6. a) Nach *aimer, ne pas aimer, préférer, adorer, détester,* kommt der bestimmte Artikel, *le, la, les,* z. B. *Je déteste le jazz.*
7. b) Die Vergangenheitsform der Reflexivverben wird mit *être* gebildet. Keine Ausnahme!

8. a) b) wäre eine Doppelverneinung.
9. b) Idiomatismus
10. a) *mal* ist ein Adverb, bezieht sich auf ein Verb; *mauvais* ist ein Adjektiv, bezieht sich auf ein Substantiv
11. b) *de* steht nach vielen Adjektiven wie z. B. *content, fier, responsable*
12. b) *son, sa, ses* werden mit *il, elle* gebraucht, *leur, leurs* werden in Zusammenhang mit *ils, elles* eingesetzt
13. b) Nach *raconter* folgt unmittelbar das Objekt, z. B. *raconter une histoire.*
14. a) nach *beaucoup de, trop de, assez de, (un) peu de* kommt kein bestimmter Artikel, z. B. *trop de nuages, assez de vent, peu de pluie.*

40

10 – 5 – 9 – 3 – 8 – 1 – 7 – 6 – 11 – 4 – 2

1. Que désirez-vous?
2. c'est un appartement ou une maison?
3. Avec vue sur la mer?
4. Elle a combien de pièces?
5. La cuisine est indépendante de la salle de séjour?
6. Les toilettes sont séparées de la salle de bains?
7. Elle fait quelle superficie?
8. Est-ce qu'il y a un jardin?
9. Elle est une rue à grande circulation?
10. Et il faut aller loin pour faire les courses?
11. Et y a-t-il un garage?

Tipp

Hier noch einige weitere Wörter „rund ums Haus":

l'appartement (männlich)	*Wohnung*
la salle de bains	*Bad*
les toilettes	*Toilette*
la cuisine	*Küche*
la salle à manger	*Esszimmer*
la salle de séjour	*Wohnzimmer*
la chambre à coucher	*Schlafzimmer*

la pièce	*Zimmer*
la superficie	*hier: Wohnfläche*
le vestibule	*Hausflur*
l'entrée (weiblich)	*Wohnungsflur*
le jardin d'hiver	*Wintergarten*
le grenier	*Dachboden*
la cave	*Keller*

41

1. **a), c)**
2. **c), d)**
3. **a), b), c)**
4. **a), b), d)**
5. **b), c)**
6. **a), b), d)**
7. **a), b), c)** Bedeutet so viel wie: *Ça ne va pas très bien.*
8. **a), b), d)**
9. **b), c), d)**
10. **b), c), d)**
11. **a), b), c)**

Tipp

Grundsätzlich kann eine Frage auf drei Arten formuliert werden.
Der Sinn bleibt der gleiche, nur das Sprachniveau ändert sich.

A Ohne Fragewort

1		Vous parlez français ?
2	Est-ce que	vous parlez français ?
3		Parléz-vous français ?

B Mit Fragewort

1		Vous habitez où ?
2	Où est-ce que	vous habitez ?
3	Où	habitez-vous ?

Die Form in den ersten und zweiten Sätzen gehört zur Standardsprache.
Die in den dritten ist eine gepflegtere Art der Formulierung.

42

jaune: la poste, le citron, la banane, le soleil, la paille, le mimosa, le canari
rouge: le sang, l'amour, la cerise, la fraise, la tomate, la framboise, la tulipe, les pompiers, le rubis, l'hémoglobine
bleu: le ciel, la mer, le bleuet, le saphir, le cobalt
blanc: la neige, le nuage, la chantilly, la meringue, les dents, la colombe, la craie, la tulipe, le lait, le sel
vert: les feuilles, l'herbe, le persil, les épinards, l'avocat, l'émeraude, la pistache, le gazon
noir: le deuil, la mort, la nuit, le tunnel, l'humour, le charbon, l'ébène
rond: la balle, le ballon, la pleine lune, la roue, la pièce de monnaie, le cercle, la bague, l'anneau

Tipp

Die Endungen von Adjektiven richten sich nach den Substantiven, auf die sie sich beziehen, d. h. die Endung kann männlich oder weiblich und Singular oder Plural sein.

→ Mehr dazu siehe Übung 44.

43

1. **vous, nous, vous**
2. **t'**
3. **le**
4. **les, moi, les**
5. **les, leur, lui**
6. **les**
7. **le, en**
8. **nous, y, y**
9. **y, en**
10. **toi, le, nous, en**
11. **eux**
12. **y, en, leur, en, le**

Tipp

Zur Wahl des richtigen Personalpronomens ist es nützlich, die Verben genau zu kennen:
rencontrer quelqu'un: Akkusativ, deshalb *les téléphoner à/demander à quelqu'un:* Dativ, deshalb *leur en revenir*, weil es heißt: *revenir de s'y intéresser*, da *s'intéresser à quelque chose en penser/en parler*, weil es heißt: *penser de/parler de quelque chose*
Das Wort *y* kann auch Ortsbestimmung sein *(dort, dorthin)*, z. B. in Satz 8 und 9.
Die Pronomen *moi, toi, lui/elle, nous, vous, eux/elles* dienen der besonderen Betonung, wenn sie allein stehen, z. B. *C'est moi.*

44

A

1. **pauvre**
2. **jeune**
3. **laid**
4. **inconnu**
5. **petit**
6. **large**
7. **lent**
8. **triste**
9. **malheureux**
10. **désagréable**
11. **bête**
12. **monotone**
13. **ennuyeux**
14. **banal**
15. **possible**
16. **utile**
17. **injuste**
18. **mauvais**
19. **sain**
20. **noir**

B

1. **riche/pauvre**
2. **vieille/jeune**
3. **belle/laide**
4. **connue/inconnue**
5. **grande/petite**
6. **étroite/large**
7. **rapide/lente**
8. **gaie/triste**
9. **heureuse/malheureuse**
10. **agréable/désagréable**
11. **intelligente/bête**
12. **variée/monotone**
13. **amusante/ennuyeuse**
14. **originale/banale**
15. **impossible/possible**
16. **inutile/utile**
17. **juste/injuste**
18. **bonne/mauvaise**
19. **malade/saine**
20. **blanche/noire**

Tipp

Wenn man eine Eigenschaft besonders betonen will, bedient man sich oft eines Vergleichs. Hier einige Beispiele:

blanc comme neige	*schneeweiß*
doux comme un agneau	*lammfromm*
connu comme le loup blanc	*bekannt wie ein bunter Hund*
riche comme Crésus	*steinreich*
rapide comme l'éclair	*blitzschnell*

Im Französischen wird das Adjektiv immer an das Geschlecht des Substantivs angepasst, auf das es sich bezieht, z. B. *le vieux monsieur/ la vieille dame.* Außerdem muss es – dem Substantiv entsprechend – im Plural oder im Singular stehen, z. B. *les jeunes enfants.*

45

1. d)
2. b)
3. c)
4. b)
5. a), e)
6. c)
7. d)
8. b)
9. d)
10. a)
11. a), e)
12. a), e)
13. a)
14. b)
15. a), e)
16. b)
17. b)
18. a)
19. c)
20. a)
21. c)

Tipp

Auf ein *Merci* kann man im Französischen mit *De rien* oder *Je vous en prie* antworten.

Bei einer Wunschäußerung oder Bitte sollten Sie niemals das äußerst unhöflich klingende *Je veux ...* verwenden, sondern immer *Je voudrais ...* oder *J'aimerais ...* sagen. Generell erreichen Sie durch die Verwendung des *Conditionnel* bei Ihrem/Ihrer Ansprechpartnter/in am meisten.

Wenn Sie etwas ablehnen müssen, können Sie dies – je nach Situation – mit der Einleitung *Je regrette, .../Non, merci/Je suis désolé(e).*

46

A

1. **Allô ?**
2. **parler à** – *sprechen mit*
3. **de la part de**; *C'est de la part de qui? – Wer ist am Apparat?*
4. **passe**; *passer* – hier: *durchstellen*
5. **ligne**; *être en ligne – bereits sprechen*
6. **patienter** – *gedulden*
7. **rappellerai**; *rappeller – zurückrufen*
8. **Entendu** – *verstanden*
9. **transmettrai**; *transmettre – ausrichten*

B

1. **rendez-vous** – *Termin.* Hat nichts mit dem deutschen *Rendezvous* zu tun.
2. **convient**; *Ça vous convient? – Passt es Ihnen?*
3. **prendre** – hier: *an die Reihe nehmen*
4. **urgent** – *dringend*
5. **passer** – *vorbeikommen*
6. **attendre** – *warten*

Tipp

In Frankreich meldet man sich in der Regel nicht mit dem Namen, wenn man privat einen Anruf erhält, sondern sagt einfach *Allô*. Firmen und andere Institutionen melden sich mit dem entsprechenden Firmennamen. Ist ein Anruf nicht für Sie und Sie wollen die gewünschte Person an den Apparat holen, sagen Sie: *Ne quittez pas. – Bleiben Sie am Apparat.*

47

1. le fast-food (restaurant) – **le restovite**; zusammengesetzt aus *restaurant* und *vite* – *schnell*
2. le hit-parade – **le palmarès**
3. l'hovercraft – **l'aéroglisseur** (männlich)
4. les teenagers – **les adolescents** (männlich; kurz: *l'ado)*
5. le walkman – **le baladeur**
6. le milk-shake – **le lait battu**
7. flirter – **conter fleurette** à quelqu'un
8. les stars – **les vedettes** (weiblich)
9. les cameramen - **les cadreurs** (männlich)
10. le make-up – **le maquillage**
11. le look – **l'allure** (weiblich)
12. le tee-shirt – **le tricot de peau**
13. le house-boat – **la pénichette**
14. le trench – **l'imperméable** (männlich; wörtlich: *undurchlässig)*
15. le shopping – **le lèche-vitrines**
16. le self-service – **le libre-service**
17. le fax – **la télécopie**
18. le ticket – **le billet**
19. le jet – **l'avion** (männlich) **à réaction**
20. le job – **le travail**
21. le brain-storming – **le remue-méninges**
22. le know-how – **le savoir-faire**
23. les managers – **les manageurs** (männlich)
24. le marketing – **la mercatique**
25. le business – **les affaires**
26. le week-end – **la fin de semaine**

Tipp

Der Begriff *franglais* setzt sich zusammen aus *français* und *anglais* und bedeutet die Übernahme englischer Ausdrücke ins Französische. Bereits 1635 wurde unter Ludwig XIII. von Richelieu die Académie Française zum Schutz und zur Pflege der französischen Sprache gegründet. Sie umfasst in der Regel 40 Mitglieder – *Académiciens* oder *Immortels* genannt –, die auf Lebenszeit gewählt werden. Unter den Mitgliedern befinden sich Schriftsteller, aber auch Wissenschaftler und Gelehrte. Der zunehmenden Anglisierung der französischen Sprache steht die Académie Française eher ablehnend gegenüber.

48

1. **s'est introduit**, da einmalige Handlung.
2. **étaient absents**, da Handlung bereits ablief, die Hausbesitzer also bereits fort waren, als der Dieb einbrach.
3. **était restée seule**, siehe 2.
4. **a entendu du bruit**, siehe 1.
5. **s'est approchée**, siehe 1.
6. **s'est précipité sur elle**, siehe 1.
7. **a exigé**, siehe 1.
8. **se trouvaient les bijoux**, siehe 2.
9. **a pris**, siehe 1.
10. **a neutralisé**, siehe 1.
11. **l'a ligotée**, siehe 1.
12. **a réussi**, siehe 1.
13. **avait**, da der Dieb auch schon vor dem Einbruch 30 Jahre alt war; siehe 2.
14. **mesurait**, da der Dieb auch schon vor dem Einbruch so groß war; siehe 2.
15. **portait**, da der Dieb den Blouson bereits trug, als er ins Haus eindrang.
16. **ont libéré**, siehe 1.
17. **ont déclaré**, siehe 1.
18. **a pénétré**, siehe 1.
19. **a pu**, siehe 1.
20. **menait**, da der Aufzug immer da war; siehe 2.

Tipp

Die Verwendung des *Passé Composé* und des *Imparfait* bereitet manchmal Schwierigkeiten. Als Faustregel können Sie sich jedoch merken:
Das *Passé Composé* wird für abgeschlossene und/oder aufeinanderfolgende Handlungen in der Vergangenheit verwendet.
Das *Imparfait* dagegen wird benutzt, wenn eine Handlung in der Vergangenheit nicht abgeschlossen ist oder wenn von früheren Gewohnheiten die Rede ist: *Quand j'étais jeune, je jouais du piano. – Als ich jung war, spielte ich Klavier.*

Wenn eine Handlung in der Vergangenheit bereits abläuft und eine neue Handlung eintritt, dann steht die bereits laufende Handlung im *Imparfait,* die neu eintretende Handlung im *Passé Composé.*

In einer Erzählung wird das *Passé Composé* für die Haupthandlung, das *Imparfait* für Nebenhandlungen (d.h. alles, was sich nicht in die Haupthandlungskette einordnen lässt) verwendet.

49

							↓				
1.		C	A	N	N	E	S				
2.			C	A	R	N	A	C			
3.					L	O	I	R	E		
4.			P	Y	R	É	N	É	E	S	
5.	B	I	A	R	R	I	T	Z			
							-				
6.				R	E	I	M	S			
7.			N	O	R	M	A	N	D	I	E
8.	M	A	R	S	E	I	L	L	E		
9.				L	I	M	O	G	E	S	

Lösung: **Saint-Malo**

Tipp

Saint-Malo gehört zur Bretagne und wird auch die Korsarenstadt *(la cité des corsaires)* genannt. Wegen ihres Mutes stellte der König die Piraten, die dort ihren Wohnsitz hatten, in seine Dienste (17. bis 18. Jahrhundert). Einem der berühmtesten – Surcouf – wurde ein Denkmal gesetzt.

Im zweiten Weltkrieg wurde Saint-Malo fast völlig zerstört. Der historische Stadtkern wurde jedoch originalgetreu wieder aufgebaut.

Die Bretagne hat übrigens ihre eigene Sprache: Bretonisch. Ihr bretonischer Name lautet *Breizh*. Das Wort *menhir – gestellter Stein*, auf Deutsch *Hinkelstein*, kommt z. B. aus der bretonischen Sprache.

50

1. a) **manifestation** (kurz auch *manif)* – *Demonstration; démonstration – Vorführung*
2. b) **feuilleton** – *Fortsetzungsgeschichte*
3. a) **imagination** – *Fantasie*
4. a) **comprimé** (z. B. *comprimé d'aspirine*) – *Tablette,* aber nicht: *une tablette de chocolat – eine Tafel Schokolade*
5. b) **ordonnance** – *Rezept* (vom Arzt), aber nicht: *recette (de cuisine) – Kochrezept.*
6. a) **raquette** *(de tennis) – Tennisschläger,* aber nicht: *fusée – Rakete.*
7. b)
8. b) **commission** – *Provision; provisions – Einkäufe.*
9. a) **plateau** – *Tablett*; zu *tablette* siehe 4b).
10. b) **budget** – *Haushalt; état – Zustand, Etat – Staat*
11. b) **studio** – *1-Zimmer-Appartement; appartement – Wohnung*
12. b) **ligne** – *Figur; figure – Gesicht*

Tipp

„*Faux amis*" sind Wörter, die sich im Französischen und im Deutschen von ihrer Schreibweise her sehr ähneln, aber von ihrer Bedeutung her verschieden sind. Also Vorsicht, wenn ein Wort „zu einfach" aussieht. Es könnte ein „falscher Freund" sein.

Glossar

Die folgenden Worterklärungen beziehen sich auf die Übungen in diesem Buch. Die Vokabeln haben zum Teil auch andere Bedeutungen.

1

ravi	hocherfreut, entzückt
accueillir	aufnehmen/empfangen
je vous prie	bitte

3

au-delà de	jenseits/über... hinaus
le stage	Praktikum
les secours	Hilfsmannschaft(en)/Hilfsdienst
soigner	versorgen
malgré	trotz
par-dessus	(dar)über
envers	gegen
escalader	besteigen, erklettern
rapporter	zurückbringen
pas grand-chose	nicht viel/nichts Besonderes
s'interroger sur	sich fragen, sich Gedanken machen

5

le langage	Sprache/Ausdrucksweise
fournir	liefern

6

vachement *(sehr familiär)*	sehr, gewaltig, saumäßig

7

adoucir	dämpfen
aiguiser	anspitzen/schärfen
s'apprêter (à)	sich vorbereiten/sich anschicken
proche	nahe
la démission	Rücktritt

8

insupportable	unerträglich
l'usager (m.)	Benutzer/Teilnehmer
indispensable	unerlässlich, unumgänglich
se remettre	sich erholen
grand temps	höchste Zeit
falloir	müssen/sollen

9

l'acier (m.)	Stahl
être contesté	umstritten sein
le long de	entlang, längs

10

améliorer	verbessern
propager	verbreiten
le réseau	Netz
le précurseur	Vorgänger
rattraper	aufholen
la toile	Netz (Internet)
un moteur de recherche	Suchmaschine
taper	tippen
le site	Internetseite
le lien	Link
télécharger	herunterladen
l'internaute	Internetsurfer
se passer de qc	auf etw. verzichten
le cybercafé	Internetcafé
un accès à Internet	Internetzugang
la connexion	Verbindung
naviguer (sur Internet)	(im Internet) surfen

12

être en alerte	in Alarmbereitschaft sein
fourrer	hineinstecken, -schieben
agacer	nervös machen/ärgern
pendre	herabhängen

13

le bélier	Widder
le signe	Zeichen
conquérant	eroberungslustig
l'héritage (m.)	Erbschaft
le taureau	Stier
récompenser	belohnen
les gémeaux	die Zwillinge
foncer	drauflosgehen/rasen
le cancer	Krebs
flirter	flirten
le lion	Löwe
le domaine	Bereich, Gebiet
la vierge	Jungfrau
l'exercice (m.) physique	körperliche Bewegung
la balance	Waage
l'avenir (m.)	Zukunft
le scorpion	Skorpion
exposer	darlegen, darstellen
le sagittaire	Schütze
le capricorne	Steinbock
pimenter	Würze verleihen
le verseau	Wassermann
le lien	(Ver)Bindungen
accumuler	auf-, anhäufen
les poissons	Fische

14

le muguet	Maiglöckchen
l'Ascension (f.)	(Christi) Himmelfahrt
honorer	ehren
déposer	hin–, niederlegen

16

le guichet	Schalter
le compte	Konto/Abrechnung
le solde	Saldo, Rest(betrag)
débiteur	Soll-, Debet-
le montant	Betrag, Summe
ci-joint	beiliegend, anbei
verser	(be)zahlen
branché	angeschlossen
la ponctualité	Pünktlichkeit
l'oubli (m.)	Versäumnis
afin de	um ... zu
honorer	*hier:* einlösen
accorder	gewähren/zugestehen
le délai	Frist/Termin
supplémentaire	zusätzlich

18

le supporter	Anhänger, Fan
se taire	schweigen, verstummen
être soulagé	erleichtert sein
la hâte	Eile, Hast
exiger	fordern, verlangen
la famine	Hunger(snot)
le trafic de la drogue	Drogenhandel

19

salé	gesalzen

20

l'ail (m.)	Knoblauch
le persil	Petersilie
la ciboulette	Schnittlauch
la noix	Nuss
l'entrecôte (f.)	Rippenstück

21

le col roulé	Rollkragen
ceci	dies(es) (hier), das

22

le foulard	(Seiden-)Tuch

23

décevoir	enttäuschen
dépenser	ausgeben
bavard	schwatzhaft, geschwätzig

24

subir	ertragen, erleiden
s'efforcer de...	sich anstrengen, sich bemühen
le bureau d'études	Ingenieurbüro/Entwicklungsabteilung

25

la nomination	Ernennung
fréquenter	(häufig, regelmäßig) besuchen
l'échec (m.)	Misserfolg, Scheitern
la réussite	Erfolg
se succéder	aufeinanderfolgen
les mœurs (f. pl.)	Sitten
le conte	Geschichte, Erzählung
l'œuvre (f.)	Arbeit, Werk
l'adolescence (f.)	Jugend(alter)

26

composter	(Fahrkarte) entwerten
être en règle	etwas ordnungsgemäß gemacht haben
l'amende (f.)	Geld-, Ordnungsstrafe
faire une réclamation	reklamieren, sich beschweren
auprès	bei

28

de peur que	damit nicht
à condition que	unter der Bedingung, dass
les précautions	Vorsichtsmaßnahmen
obtenir	erhalten, bekommen
le rôti	Braten
s'entraîner	üben/trainieren
bien que	obwohl, obgleich
arroser	gießen, bewässern
tant que	solange, soweit
à moins que	ausgenommen, außer das

29

forger	schmieden
s'échauder	sich verbrühen
la vengeance	Rache
craindre	(be)fürchten, Angst haben
le nid	Nest
forgeron	Schmied

30

l'intoxication (f.) alimentaire	Lebensmittelvergiftung
le rez-de-chaussée	Erdgeschoss

32

égrener	entkernen
éplucher	schälen
le dé	Würfel
incorporer	beimengen/zusetzen
blanchir	blanchieren
bouillir	kochen
à couvert	mit geschlossenem Deckel
manier	*hier:* verkneten
remuer	umrühren
ébullition (f.)	(Auf)kochen, Sieden
le concombre	Salatgurke

34

le daim	Damhirsch
le cerf	Hirsch
la biche	Hirschkuh
le biniou	(bretonischer) Dudelsack
la cornemuse	Dudelsack
la harpe	Harfe
l'embarcadère (m.)	Anlegestelle, -steg
l'écomusée (m.)	Umweltmuseum

35

le mec	Kerl
baraqué	groß und kräftig
la galère	Galeere
la fesse	Pobacke
la godasse	Latschen, Schuh
crècher	wohnen
bouffer	(fr)essen
dégueulasse *(sehr familiär)*	ekelhaft, zum Kotzen

36

l'ascenseur (m.)	Aufzug
la cour	Hof

37

aller à la rame	rudern
le tournoi	Turnier
nautique	Wasser-
décerner	zuerkennen/verleihen
remporter	*hier:* gewinnen
l'aviateur (m.)	Flieger

38

l'arrondissement (m.)	Bezirk
la manifestation	Veranstaltung
l'écran (m.)	Leinwand/Bildschirm
piloter	fliegen/steuern
le sous-marin	U-Boot
la station spatiale	Raumstation
la coiffe d'une fusée	Raketenspitze
la médiathèque	Mediothek
l'exposition (f.) intinérante	Wanderausstellung

39

se reposer	sich ausruhen, sich erholen

40

la location de vacances	Ferienwohnung, –haus

41

volontiers	gern, mit Vergnügen
l'orage (m.)	Gewitter, Sturm
la tempête	Sturm, Unwetter
se garer	parken
la pancarte	Plakat, Anschlag

42

le gazon	Rasen
la paille	Stroh/Strohhalm
l'ébène (f.)	Ebenholz
le rubis	Rubin
l'anneau (m.)	Ring
le bleuet	Kornblume
la colombe	Taube
la roue	Rad
la craie	Kreide
l'épinard (m.)	Spinat
l'avocat (m.)	Avocado
le deuil	Trauer
la bague	Ring
l'émeraude (f.)	Smaragd

43

le courrier	Post, Briefe
le tiroir	Schublade
splendide	prächtig
tout juste	gerade (erst), soeben
réfléchir à	nachdenken über
moi-même	ich selbst
voter	*hier:* (durch Abstimmung) genehmigen

44

laid	hässlich
sain	gesund

45

le genre	Art, Sorte

47

l'aéroglisseur (m.)	Luftkissenboot
le lèche-vitrines; le shopping	Schaufenster-, Einkaufsbummel
l'avion à réaction; le jet	Düsenflugzeug
le self-service; le libre-service	Selbstbedienung
le savoir-faire	Know-how

48

le cambrioleur	Einbrecher
se précipiter sur	sich stürzen auf, losstürzen auf
le butin	Beute
ligoter	binden, fesseln
la fuite	Flucht
souterrain	unterirdisch
ainsi	so, auf diese Weise

49

la station balnéaire	Seebad
une capitale	*hier*: Zentrum